妻のための離婚とお金の話

後悔しない人生を送るために

夫婦問題研究家
岡野あつこ

はじめに

今、この本を手に取ったあなた。パートナーとの人生を考えているのでしょうか。もしもパートナーと将来離婚することになったら、自分は経済的にやっていけるのか、はたまたいくらもらえるのか、気になったり不安になったりしたのでしょうか。それとも、今までずっと我慢してきたから「今こそ財産を分けてお金の清算をしたい！」と思ったのでしょうか。

離婚は、洋服やアクセサリーとは違いますから、流行や人の言葉に流されて決定すべきものではありません。あなたが自分の意思で離婚するという選択をして、そのための努力を重ね、最終的に離婚の決断をあなた自身に下すという過程がとても大切です。なぜなら離婚は、あなたにとって人生の重大な岐路なのですから。

私は離婚という選択を否定するつもりはありません。でも、私も経験してきたその選択は、そう容易なものではないことをよく理解していただきたいというのが、離婚経験者であり、数々のケースに触れてきた夫婦問題研究家としての私の望みです。

パートナーから突きつけられた離婚については、離婚という結論を出したとしても、悔しい、淋しい、空しい……そんな結果になることを回避することが最大のポイントだと思っています。離婚しなくても、ここでしっかりとお金について熟考してみることが大切です。そして、生活をしていく上でいかにお金が大切かを学び、お金の知識と情報を得ることが、結婚生活を続ける上での安心感につながります。

そういう意味では、離婚などまったく考えてもいない人にも、せっかく先行き不透明なこの時代にこの本を取ってくださったのですから、夫婦について、家族についていろいろと考える機会にしていただきたいと思っています。

離婚するとどうなるのか、とりわけ、実生活が営んでいかれるのか。これからの輝かしい自分の第二の人生に向けて、経済的に窮しないことは、とても重要なファクターなのです。ですから、どうしても離婚の意志が固いとか、離婚しなければならないという状態だったら、なおさら経済面を確立させることがとても大切なのです。

逆にいえば、経済的な窮地を迎える可能性がある場合には、離婚はしないほうがいいということなのです。

これは、なにも慰謝料を大枚ぶんどってやれ！　という焚きつけではありません。もちろん、多額の慰謝料や財産分与を無理なく受けられる人は、それはそれで幸運かもしれませんが、ハリウッドスターじゃあるまいし、そんな夢物語は描かないほうが無難ではないでしょうか。地道でも、細かくても、人生のリセットに必要な資金を調達し続けられるのかをご一緒に検証してみましょう。

私の本を読んでくださった読者の皆さんには、流されて、勢いで離婚をしてしまった後悔や、悲しい結末、苦労の連続などという人生をたどってほしくないのです。この本を読んでいくうちに、ときには、そこまで考えなくても、とか、そんなことまでするの？　と思うことに出くわすかもしれません。それでも、これが現実であり、たくさんの離婚を目の当たりにしてきた私の意見ですから、転ばぬ先の杖として聞いてください。

あなたの人生を幸せにするのも不幸にするのも、あなた自身でしかないのです。あなた自身が、最良の決断をすること、悔いのない選択をすることができるように、私は惜しみなく今までの知識と情報、そして経験を提供したいと思っています。

そして、もし、どこかで会ったときには、明るい笑顔で「岡野さんの本、読みました。おかげで、今、とっても幸せです！」と声をかけていただければ、私にとってもこの上ない幸せが訪れるというものです。

今こそ、あなたの幸せの選択のために、人生をしっかりと見つめてみましょう。

岡野あつこ

◉目次◉

第3章

離婚によってあなたはどうなる？

第4章 修復に向けての準備

第5章
離婚に向けての準備

第6章 熟年に見る妻と夫のかけ離れた言い分

第1章

結婚・離婚とはなにか

離婚におけるお金の重要性

離婚を口にするときは慎重に

離婚を考えた始まりが、夫の借金や不労などのお金にまつわることであれば、自ずとお金の重要性に気づいているでしょう。そして、結婚を続けて、夫にかかわるお金の苦労をし続けるのなら別れたほうがいいということもあります。

しかし、昨今の離婚でありがちなのは、妥協して結婚をしたものの、あとから思いやりが感じられず早く別れてしまうケースや、長い期間にわたり、夫を支え、子どもを育て上げてきた妻が、ついに限界を感じるというケースです。具体的には、夫が家庭を顧みないとか、夫が浮気をするなどそれぞれの事情があると思いますが、少なくとも、目先のお金の苦労をしていない妻の反乱であることが多いのです。

子どもが小さかったり就学中では「一人では生活が成り立たないから我慢するしかない」と思える時期には、離婚はお金、つまり経済不安のために思いとどまれるのです。

それまでは「経済が成り立たない」という歯止めが効いていたからには、自分の収入だけでは生活できないという認識は持っているものの、どのくらい不足しているかとまで考えが及ばないうちに離婚に向けて動き出すと大変なことになってしまいます。

十五万円以上かかる生活費

仮に、子どもがいても成人していれば、離婚後はあなた一人の生活を考えればいいわけです。しかし、離婚後に女性が一人で生きていく場合でも、もし住むところの家賃から考えると、少なくとも一ヶ月に十五万円以上のお金がかかるのです。それまでは、夫の収入で暮らしていたとしても、所帯を二つに分けることで、二倍近く、場合によってはそれ以上の生活費が必要になるのです。

また、もし妻のほうにある程度以上の収入があっても、夫の収入をメインとして暮らしていたとしたら、同じように暮らすのはとうてい無理。生活のすべて、友人とのおつき合いなどまでも切り詰めることになるのです。

さらに、病気や怪我などのときにはどうしたらいいか想像してみてください。夫婦単位の疾病補償つき生命保険に入って安心していた人は、入院費だけ考えても大変な痛手を受けるのです。誰にとっても、起こりうることだということを忘れずに。

ありとあらゆる場合を検証した上で、これで大丈夫、といえるような状態を見越して離婚を考える必要があるということです。それには、財産分与なり、慰謝料なり、子どもの権利である養育費あるいは年金分割など、いろいろな要素を加味していかなくてはなりません。

もちろん、いうまでもなく……妻の収入だけで充分に生きていかれる人や、財産分与が充分に受け取れる見込みのある人、親が生活の面倒を見てくれる人は、精神面の心配だけしていればいいのです。ただし、精神面のことだけでも、そう容易に越えられる壁ではないと思いますので、しっかりとした考えを持っていただきたいところです。

離婚の実例…私（岡野あつこ）の場合

無い無いづくしの離婚を経て

私は、もう二十年以上前に夫の浮気が原因で感情的な部分が先に立ってしまい、損得を充分に考えた離婚ではありませんでしたが、離婚に至るまで、そして離婚してからの状態については、うまく流れていると思っています。離婚そのものを「負け組」のように捉えるのであれば、その時点で人生につまずいていることになりますが、私は決してそうは思いませんし、なによりもその後の人生が開けてきたので、幸せなケースなのです。

私の夫は、自分でいうのもはばかりますが、けっこうイケメンでした。私よりも五歳年下でしたが、事業に成功して、バリバリに頑張っている男でした。

ただ、そんなふうにモテる要素がたくさんある男となれば、浮気も激しかったのです。浮気をした夫の裏切りを許せなかった私は、離婚を申し出ました。でも、プロのカウンセラーや離婚に強い弁護士を知らなかったので、慰謝料はゼロ。財産分与も、私と結婚してから相当稼いでいた夫の財産からするとかなり少なかったのです。

強い精神力が自分を救う

でも、その悔しい思いによって私は奮起しました。夫よりも稼ぐということを心に誓ったのです。ついでに、もっとイイ男を見つけてやる！　と息巻いていました。私の精神的な強さが私を支えていたといえるでしょう。

そして、イイ男を見つける会を開いてみようと思って始めたのが出会いのサークル「カラットクラブ」です。バツイチの人たちが、素敵な相手を見つけて幸せになれるようにという願いです。もちろん、初めは自分の相手がほしいという単純な動機だったのですが、「カラットクラブ」は思った以上に盛況で、実際には会員への責任や仕事としての忙しさに押されて、自分のことまで気が回らなくなってしまいました。

同時に自分が困っていた経験を誰かの役に立てられないかと思い、離婚で悩む人たちの手助けをするカウンセリングの仕事を始めるようになり、この仕事で、私はビジネスサクセスを収めることになりました。

浮気者の元夫は、そのうち再婚をしたのですが、後日その再婚にも失敗して、バツ2になったと聞いて「やっぱり私のせいじゃなかった！」と確信しました。信じていた夫に見事に裏切られて、離婚を回避するために最善の努力を重ねるなか、自分の気持ちを奮い立たせながらも、それまでは、自分を責め立てた日々でした。

私はどうしても、元夫には負けたくなかったのです。仕事の成功も、それに伴う経済力も、とにかく負けてなるものかという気持ちで、頑張ってこれました。

今では、そんなことにも気が回らないくらい忙しく、仕事に夢中な毎日です。もちろん、そんななかでも一人息子との関係も上々。親である私を労ってくれるまでに育ち、幸せを噛みしめています。人生諦めなければ、結果が「吉」と出るものだと今、二十二年前の離婚を振り返って感じます。

離婚後の五年間くらいは、いろいろと悩みもありました。息子に対する後ろめたさもありました。でも、結果的には一心不乱に頑張ってきた自分の生き方に自信が持てるようになり、岡野あつこの信念にもつながったと思っています。

さて、このお話は、元気者の私の実話です。誰でも、こんなふうにいくとは限りませんし、こんなふうにやっていきたいと思うかどうかはわかりません。

競争をするということは、ともすると醜い感情を生むこともあります。しかしその頃の私には、自分自身との闘いのために元夫の存在が必要だったのかもしれません。

人それぞれの性格や人生があるなかで、しっかり調べて進んでいくに越したことはないのです。つまり、結果的に後悔をしていない私でも、もっとほかのやり方や生き方があったかもしれないのは事実です。

だからこそ、強い精神力を持ち、大いに消費するであろうエネルギーの充電の仕方を知っておきましょう。

離婚の実例…天国と地獄

別れ方にも配慮を

私は、幼い頃から負けん気が強くて、その上とても運がよかったので、今日までやってこられたのだと思います。とにかく頑張ることが、自分の離婚を肯定できる唯一の道だという信念を持っていましたから。でも、世の中は私みたいな人ばかりじゃありません。

別れることにばかり気を取られてしまった人の実例をご紹介しましょう。

実例１　無計画な離婚

四十五歳を迎えたK江さんは、本当に「いい奥さま」でした。二十三歳で結婚して、二人の子どもは成人して家を離れていました。

夫は、商社勤務のバリバリのやり手。五十歳にして、重役職に就いていました。大学を卒業してからすぐに入った商社で、それはそれはよく働き、K江さんとは上司の紹介で知り合ってすぐに結婚。

美人のK江さんですが、夫は愛情というよりも、出世のために結婚したほうがいいという気持ちで結婚したらしいとK江さんはいいます。朝早くから夜遅くまで働きづめの夫のために、K江さんは専業主婦として、家庭を守り、二度あった海外勤務にも子どもを連れて頑張ってついていきました。

夫が四十五歳のときに最後の海外勤務が終わり、帰国してからも、夫の猛烈商社マンぶりはまったく変わりませんでしたが、収入もかなりあったことで、K江さんは家庭を顧みない夫でも仕方がないと割り切っていました。

しかし、日本に帰ってすぐ、夫の浮気が発覚しました。同じ会社の部下の女性が相手でした。K江さんは動転しながらも冷静を装い、調査会社に調べてもらうことにしました。

そうすると、夫の浮気は今に始まったことではなく、結局、結婚直後からずっと続いている女性の存在まで明らかになったのです。

Ｋ江さんは裏切られたと思いました。それでも、子どもがまだ高校生だったことで、我慢するしかないと思って過ごしました。やがて、子どもたちが独立して、夫も落ち着いていることと思っていた矢先に、夫の浮気相手から「別れてください」という手紙を受け取ってしまったのです。

Ｋ江さんは、その手紙と離婚届をテーブルに残し、残高五百万円ほどの通帳とキャッシュカードと当面の着替えだけを持ち、家を飛び出しました。しばらくは、姉妹や友人宅を転々としましたが、そのたびに夫に見つかってしまうので、自宅から三百キロほど離れた町でひっそりと暮らし始めました。

友人の仲介で離婚は成立したものの「そんな夫からはビタ一文もらいたくない」と勢い込んでしまったために、残りの財産分与や慰謝料をまったく受け取れませんでした。そして案の定、Ｋ江さんは、その後の生活にアッという間に困ってしまったのです。

そんなことがあって、私のところに相談に来たのですが、私から見れば、無計画以外のなにものでもなく、自分のこれまでの結婚生活に対する対価・代償として、いかばかりかのお金をきちんと受け取るべきだと説得しました。感情に任せ意地を張って離婚を選んだために、苦しんでいるケースです。自分を裏切った夫と離れたいという気持ちばかりが先行して、計画性のない別離を選んでしまったのです。

でも、こんな場合には、もし夫の元へ戻りたいといっても受け入れてもらえないことになってしまいますし、お金も使われてしまったりすることもありますので、感情的な行動はどう考えても失敗ということになってしまいます。

実例2 計画的な離婚

K江さんのケースとは正反対に、冷酷といえるほど計画的に離婚を進めたのが四十七歳のT子さんです。

T子さんは、二十五歳のときに同い年の夫と職場結婚しました。夫はごく普通の男性でしたが、仕事も真面目で、ギャンブルやお酒におぼれるということもなく、はた目にはなんの問題もない夫婦でした。

そんな夫婦が抱えていた問題は、セックスレスでした。お互いが二十七歳のときに、一人息子が生まれ、それ以来まったくセックスのない生活になってしまったそうです。

夫が浮気をしているのかと疑った時期もあったそうですが、T子さんが嫌だったのは、自分に興味をまったく持たなくなったことだったそうです。

日常会話も、子どもがいないときにはほとんどなく、女性としてだけでなく人間として認められていないような気持ちになったのです。生き甲斐を見失ったT子さんは、思い切ってパートに出ることにしました。そして、パート先で素敵な男性と知り合ってしまったのです。

その男性とつき合ううちに、女性として扱われることにときめきを覚え、T子さんはどんどん夫が嫌になってしまいました。でも、自分の浮気で別れることになっては、T子さんが慰謝料を支払う羽目になってしまいます。そこで、考えたT子さんは、夫に罠を仕掛けました。

美人で独身の友人に、夫を誘惑してもらったのです。四十歳を過ぎたといっても、罠となる女性は魅力的でしたし、夫もまんまと引っかかってくれたのです。友人と親しくなり、帰り時間が遅くなった夫をT子さんは責めました。もちろん計画的なお芝居です。

最初はしらばくれていた夫も、友人に結婚を迫られて、ついに謝罪とともに離婚を申し出てきました。T子さんは、法定以上の財産分与を受け、さらに慰謝料、そしてローンがほとんどないマンションまで手に入れて離婚をしました。

すでに実家から離れた大学に通っている一人息子は、学費と生活費を夫が送ることで独立し、T子さんはパート先の男性と同棲を始めました。夫がその後どうしたのかはつかんでいないそうですが、罠のはずだった友人からの連絡が途絶えたことから、もしかしたら、夫は罠ということに気づいたかもしれないと笑っています。

ここでご紹介したのは、極端な二例ですが、いかに冷静に先のことを見極めないと悲劇になるかということがわかっていただけたかと思います。あまり激しい作戦を実行する必要はありませんが、最低限、悲劇的な状況は避けていただきたいという気持ちで、実例を知っていただきました。

本当に離婚すべきなのか？

〝なんとなく〟離婚が増えている

離婚の危機に直面したとき、または、お互いの目標や人生の設計がずれてきたときには、結婚のいきさつや、家族・親族の現在の経済状況を考えた上で、自分は本当に離婚すべきなのかどうかを考えましょう。先に述べましたように「なんとなく」とか「人にいわれて」とか「世の中の流れだから」などという曖昧な理由で決断をすることだけは避けなくてはなりません。

最近の離婚は、圧倒的に妻から申し出ることが多く、傾向として価値観の不一致やモラハラ、妻の浮気などが多いです。夫婦として連れ添いながら妻は自分の人生を振り返り、日々の些細なイライラや不満を募らせているのです。そこへ夫が浮気をするとか、子どもに手がかからなくなったとか、夫が退職するなどをきっかけに、ふと「自分の人生、このままでいいのか」という思いに駆られた結果、やっぱり違うと思ってしまうのです。

ですから、私のところにもそのような離婚相談が多数ありますが、「すぐに離婚したほうがいいです」とは勧められないケースがほとんどなのです。

そういった妻たちの場合、「ずっと頑張って夫を支えてきた」という自負と「今まで我慢をしてきた」という被害者意識が強く、経済的自立の目処が立つか立たないかにかかわらず、離婚という結論に至ってしまうのです。

離婚を積極的に検討すべきは？

ただ、決定的な事由がある場合は、積極的に検討する必要があるのはいうまでもありません。決定的といえるのは、「民法に定められた法定離婚事由」（注）に含まれるものの場合がすべてといってもいいでしょう。

そのなかでも、不貞行為＝夫の浮気に関することは、気持ちの上では我慢ならなくても、どうしても離婚しなくてはならないかどうかと考えると、離婚後の生活への不安を抱えてまでも決断する必要はないといえます。

夫の浮気が許せないということは、夫に対する愛情が残っているからというのもその理由の一つです。最初は「そんなことありません！　あんな男なんて、これ以上苦労させられるのはもうたくさんです」などという人がいますが、確かに悲しい思いをし続けたり、やきもちを妬くなどという苦労を続ける必要はないのですが、本当に気持ちが離れてしまった夫に対してだったら「どうぞご自由に。私は私の人生を歩みます」と居直ってしまったほうが、得かもしれないのです。

外の女性に気持ちが向いている夫だったら、あなたがかなり自由に遊んでいても、気づかない、もしくは、自分への監視の目が緩くなったことを歓迎するのではないかと思います。ただし、夫への腹いせに浪費をしたり、浮気に走ったりして、逆に夫のほうから慰謝料を請求されたり、離婚を突きつけられたりしないようにしてくださいね。

性的な不能や不一致、配偶者やその親族との不和なども同じことがいえます。女性が切り出す離婚においては、あえて頭を切り替えて感情よりも損得で乗り越えたほうがいいといえるでしょう。なぜなら離婚は、その後の生活にたくさんの不安を伴うからです。

性の問題については、女性のほうが早く性欲が減退するので（エストロゲンという女性ホルモンが減少します）、セックスレスだけを原因に離婚を申し出る人は、今まで私のところに相談に来たことはありません。

ただ、セックスの行為をすることばかりが夫婦の接触ではないので、スキンシップを含めた広い意味でのセックスレスは、基本的な愛情の欠損と考えられますから、意外と大きな根を持っていることがあります。つまり女性は、セックスの行為そのものを求めているのではなく、セックスによって触れ合うこと、スキンシップを求めているのです。

それを理解しない男性に対して、歯がゆい思いをぶつけてやきもちを妬いたりします。とはいえ、やきもちや嫉妬で離婚するほど損なことはありません。

人間関係の相手が夫ではなく、夫の親や親族との不和という場合も頭を切り替えて、諦めて辛抱してしまってもいいかもしれないと思います。ひどい危害を加えられるようなことでなければ、脇役的な登場人物のために、今さら主役であるべきあなたが舞台を降りるのは、もったいないと思います。

配偶者が家に帰らない、いわゆる遺棄にあたるような場合でも、経済的な問題がない、つまり、生活費や家賃は滞りなく支払われているのであれば、無理に別れることよりも、精神的な立ち直りを目指して、婚姻関係のままでいたほうがいいのです。

家にも帰らず、生活費も入れない、場合によっては行方不明だということにでもなれば、結婚していることに意味がありませんので、さっさと法的処理をして別れて、もっと経済力のある人との再婚をお勧めします。

同じ結論でも、配偶者の暴力という問題もあります。この場合は、まずは身の安全を守ること。腕っ節の強い男性から、繰り返し暴力を振るわれているのなら、まずは逃げ出すことから始めなくてはなりません。

ＤＶ（配偶者からの暴力）に悩んでいる女性は、一人で悩んでいるのが一番よくないこと。人に相談をすると、また暴力を振るわれるのではないかという強迫観念に捉われているかもしれませんが、夫婦間に不当な力関係が出来上がっている場合が多いですから、第三者の介入が有効です。女性を暴力から守ってくれるような保護施設なども視野に入れて、離婚の手続きを進めましょう。

ＤＶは、れっきとした犯罪行為です。身体的暴力に限らず、精神的暴力、経済的暴力、性的暴力までもが含まれ、人権侵害に値します。「私が我慢すれば……」と思って、長年耐えてきたかもしれませんが、この先のまだある人生を考えて、きっぱりとその間違えた考えをやめてください。

家庭内のトラブルに警察は介入しないため、DV被害は長い間潜在し続けました。二〇〇一年に「配偶者からの暴力の防止及び被害者の保護に関する法律（DV防止法）」が成立したことで、今ではDV被害者は保護されるようになっています。

DV防止法の主となる「保護命令」のなかの「退去命令」は、ともに生活している加害者に、二ヶ月間住居から退去することを命ずるものです。「保護命令」が出たのに、配偶者が従わない場合は、一年以下の懲役、または百万円以下の罰金に処せられます。DVは諦めなくてもよくなったということです。

長年連れ添った夫を犯罪者にしたくないと思うのであれば、あなたが自らDVから逃げ出す勇気を持ちましょう。そしてどんなにホッとする日々がやってくるかを思い描いてみることです。

（注）

民法七七〇条　法定離婚事由

〈第一項〉

夫婦の一方は、以下の場合に限り、離婚の訴を提起することができる。

一．配偶者に不貞な行為があったとき。

二．配偶者から悪意で遺棄されたとき。

三．配偶者の生死が三年以上明かでないとき。

四．配偶者が強度の精神病にかかり、回復の見込がないとき。

五．その他婚姻を継続し難い重大な事由があるとき。

〈第二項〉

裁判所は、前項第一号乃至第四号の事由があるときでも、一切の事情を考慮して婚姻の継続を相当と認めるときは、離婚の請求を棄却することができる。

離婚後の精神面を考える

後悔することもある

離婚によって配偶者を失うのは当然のことなのですが、気持ちの片隅に「離婚しなければよかった」という思いが消せないかもしれません。また、世間体を考えて、特別な目で見られているのではないかという不安を抱えることもあるでしょう。そうなると、心は穏やかならぬものになってしまいます。

人間はもともと「つがい」で暮らすほうが、心身の健康のためにはいいといわれているくらいですから、それだけでも、不安定な状態が訪れている可能性があるのです。離婚という目標を立てて、それに向かって邁進しているときは、まるで若者のような情熱を持っているので、恐いものもない、不安も感じない、この先の人生にあるのはイヤな夫と別れたあとの楽しい人生、そんな意気揚々とした気分かもしれません。

でも、いざ離婚が成立したときに、どのくらい健全な精神状態を保てるかということも、とても大切な問題です。いくら女性のほうからいい出した離婚だったとしても、エネルギーを消耗し、落ち込んでしまえばそれまでなのです。それも、たった今ではなく、これから先ずっと頼れる人がいないことを考えると、さらに不安を感じるのではないでしょうか。

幸も不幸も気持ち次第

もちろん、好きなことを好きなときに好きなだけ、夫に拘束されることもなくすることができるようになるのが離婚です。ですから、そのメリットだけを享受できるのであれば、最高に素晴らしい人生の選択になるでしょう。

旅行をしたり、趣味のサークルに入ったり、新しいことに挑戦したり。そんな人生のストーリーを考えられるのであれば、その時点で、不安はクリアしています。

病気になったらとか、仕事に就けなかったら……というような不安ばかりが先行するのであれば、万全の態勢を準備してからでないと後悔することになってしまいます。

いずれにしても、離婚後の人生について、前向きに考えるつもりがあるかどうかにかかっています。あなたの人生はあなたが決める。充実するのもしないのも、幸せな気分になれるかなれないかも、あなたの気持ち次第。離婚という大きな決断をする勇気は、きっとあなた自身を強く、潔くしてくれるでしょう。そして、その勇気ある決断を下したときの自分を応援できるのは、今までうまくいかない結婚生活に耐えて頑張ってきたもう一人のあなただけなのです。

女の一生は、波瀾万丈だからこそ強くなれるものです。モーパッサンの『女の一生』のように家族の犠牲になって悲惨な人生で終わることになるのか、愛に生きた宇野千代さんのように成長し続け、優しく美しい女性として一生を終えるのか、それはあなた次第なのです。

離婚後の経済面を考える

生きていくにはいくら必要か

さて、明るい性格で、あまり深刻にならないあなた。そんなあなたでも、その気持ちだけでは生きていかれません。やはり生きていくには、経済、お金が必要なのです。きれい事や気力だけで生きていかれるのなら、誰も苦労はしないというもの。どういう収入で今後生きていくのかを考える必要があります。

婚姻中から、夫の収入がなくても生きていかれるような人は、目先、大きな不安はないでしょう。それでも、かなりの蓄えがなければ、なにも考えなくて大丈夫ということはないはずです。

これまでの婚姻中に専業主婦だった人は、自分の収入はないのですから、当然かなり真剣に考えなくてはなりません。もしも、夫が離婚後も今まで通りに面倒見るよといってくれたとしても、所帯が二つになるのですから、住居も二つになり、単純にそれまでの分で生活していかれるかどうかわかりませんし、約束通り支払われるかどうかも保証の範囲ではありません。

そんななかで、あなたはどうやって生活設計を立てるのでしょうか。仕事に就けばいい？　確かに、自分ができることで、そこそこの収入が望めそうであれば、それが一番いいのでしょうが、どの程度収入が確保できて、自分の生活が安定するかどうかは誰にもわからないのが現実です。

経済の安定こそ第一に

多くの人は、離婚をした途端に経済的な窮地に陥る可能性があると思わなくてはなりません。若い時代なら、とりあえず実家に戻るというのが経済的なことを考えると、最も無難な方法といえます。しかし、熟年層になっていると、そういう決断をできるケースは少ないでしょう。まして、まだまだ余裕のない子どもの世話になるという前提で離婚するというわけにはいきません。

当面経済的に期待できる内容としては、夫婦共有財産の清算＝財産分与です。婚姻中に夫、または妻、あるいは二人で稼いだお金と、夫婦の合意によって共同で購入したものは、すべて分与の対象です。預貯金、有価証券、不動産、自動車などがそれにあたり、所有名義が夫婦のどちらかになっていたとしても、共有財産と見なされます。まだ受け取っていない夫の退職金も分与の対象ですので要チェック。頭の隅にとどめておきましょう。

そして、年金も離婚後の収入の一つです。専業主婦、もしくは夫に比べて収入が少なかった人が夫の年金の一部を受けられるかどうかということについては、またあとの章でお話ししますが、少なくとも職に就いて正当に受給権のある人は、自分の年金は間違いなく入ります。金額は人それぞれですが、現在のままであれば、受け取れる年齢になれば、それだけで生きていかれる人もいると思います。

いずれにしても、配偶者がいても安定した経済を保ち続けるのが難しい現代ですから、離婚後の人生をお金に困らず一人で頑張って暮らしていこうとすれば、それなりに工夫や努力が必要であることはいうまでもありません。

「夫がお金をたくさん持っているから半分くらいはもらえるはず」「夫が私にひどい

ことをしたのだから、慰謝料もたっぷり取れるはず」「夫の厚生年金だって半分手に入るはず」など、あまり可能性が高くないことに過大な期待をして離婚したとしても、その後に思ったように経済的に恵まれず破綻をしたのでは、これまでの人生をなんのために生きてきたのかわからなくなってしまいます。だからこそ今のうちに充分過ぎるくらい考えてみましょう。

離婚後にまつわる経済を考えるのは、この本の趣旨ですから、第2章以降に詳しい検証について記しますので、参考にしてください。

考えているあいだに状況が変化することもある

迷い、時間がかかるのが離婚

離婚と一言でいっても、そこにたどり着くまでにはどんな夫婦でも、かなりの時間を要するものです。夫婦が話し合いに入ってから、見解にあまり大きな相違がなくても、それなりに時間がかかるのです。

ましてお互いがそれぞれの言い分を譲らない場合などは話し合いに時間がかかったり、もめ事になって調停にゆだねる、極端な場合はお互いに一歩も譲らないまま裁判にまでも発展するような場合には、何年という単位で時間を要してしまうこともあるのです。

そうでなくても、夫と妻のどちらか一方が離婚の意思を持ち始めて、なにをどうしようかと迷っていたり、相談や計画の実行に時間をかけている場合もあります。

人生はなにが起こるかわかりませんから、刻一刻と状況が変化してくることも考慮しなくてはならないのです。なかにはいい変化も起きるでしょうけれど、思いもよらない好ましくない方向への変化もありうるのです。離婚を決意した妻が、夫になにをいってもわかってはもらえないからといって、黙り込んでしまうことがあります。このことで、夫は妻が口うるさくなくなったと思い、毎日帰宅も早くなり、妻の信頼を回復できたこともありました。

しかしたいがいは、逆に夫のほうが妻が自分を理解してくれたと思い込み、妻に甘えて、頼り切りになった結果、離婚が早まってしまうということも変化の一つです。

〝想定外〟も考慮して

いい変化についていては、離婚に限らず、そのたびごとに喜んで受け入れていけばいいのですが、好ましくない変化についていては「想定外だ！」などと慌てなくてもいいような心の準備をしておいたほうがいいでしょう。

たとえば、自らの年齢がかさむにつれ、親の高齢化が進んでいます。もし、病気や老衰によって介護が必要になったら……？　現在、目の前にある夫婦単位の協力が必要になることもあるでしょう。

すでに成長していると安心していた子どもがリストラに遭ったら？　結婚して巣立ったはずの子どもが離婚して戻ってきたら？　夫に自分がまったく知らなかった多額の借金があったら？　当事者が病気になってしまったら？　法律が変わってしまったら？

離婚を考えていないときでも、いつでも起こりうる変化ではありますが、夫婦で協力してやっていくのが当たり前だと思っているときに比べて、その絶望感は絶大なものになるでしょう。しかも、自分とは関係のない理由によって、考えてきた離婚を諦めることになったり、うまくいくと思っていたことが停滞したり、先の人生が見えなくなってしまいそうになるのですから。

こうなったらこうしようということも考えておくべきですし、なにがあっても揺るがないような意志を持つことも大切です。「こんなはずじゃなかった」というのは簡単。でも、そのなかで生きていくのは自分自身なのですから、人のせいにするわけにはいきません。

簡単にいい条件で離婚できるのか

“私なら大丈夫”？

ドラマなどを観て、自分も意外ときれいに、そう悪くない条件で離婚ができる気がしている人がいます。なかには、ドラマ以上にうまく離婚を乗り切る人もいるとは思いますが、本当にそううまくいくのかどうかは真剣に考えておかなくてはならないのです。「私なら大丈夫」と思い込んでいる人が、大変な状況に追い込まれることなど珍しいことではありません。

実例3 夫に慰謝料を請求されて

A子さん（三十八歳）の四十二歳の夫は、一流企業のサラリーマン。郊外に建てた庭つき一戸建ての住宅はローンも残っていない。現在の家庭経済は、かなり豊かな使い方をしても貯金ができるほど。

しかも、五年前に亡くなった父親の遺産を継いだA子さんには、六部屋を擁するアパートの家賃も入ってきている。経済的には、まったく不自由がない生活です。

ところがA子さんは生活習慣の違いなどから、夫のことが嫌いでした。子どもも成長し、老後の生活を考えたとき、今の夫婦関係を継続するのはどうしても耐えられないと感じたのです。

そこで、A子さんは夫に離婚を申し出ました。自分は親の遺産で生きていくから、慰謝料もいらないし、財産分与は預貯金の半分だけでいいという条件を出しました。A子さんの夫は、数千万円の預貯金があったのです。

A子さんにしてみれば、自分にとっても夫にとってもかなりいい条件を出したつもりでした。しかし、夫はまったく納得しませんでした。なぜなら夫はA子さんから冷たくあしらわれていたと感じ、仕事と子どもだけを生き甲斐に生きてきたからです。

出ていくのは勝手だし、親の遺産で生きていくのもA子さんの自由だけれど、自分が請求する慰謝料と財産分与とを相殺すると、むしろ数百万円を支払ってもらいたいといってきたのです。

実際に、このケースが調停などにかけられた場合、夫の言い分は通りにくいかと思われますが、夫の反撃に驚いたA子さんは、離婚が簡単ではないことを思い知ることになるのです。A子さんの例は、とても恵まれた人同士の話です。おそらく、今、読んでいる読者の方も、こんないい条件同士ならどうでもいいじゃないかと思ったのではないでしょうか。

でも、今ここで知っていただきたいのは、いかにいい条件だと思っていても通らないことがあるのと同じように、相手が出してくる条件にはこちらが納得がいかないことも多いということです。つまり、こうすればこうなるから、これでOK、というような簡単な考えで離婚を仕切ることはまず無理だということです。

「私の場合は大丈夫」そう思っているあなたが、一番危険です。「簡単」も「いい条件」もそうそうあるものではないのですよ。

金の切れ目が縁の切れ目か？

お金の目処が離婚の目処

世の中の経済の動きと離婚を照らし合わせたとき、経済の悪化による失業率のアップと離婚件数は連動しがちだといわれています。確かに、夫が失業して稼ぎがなくなると、夫婦ゲンカが増えたり、夫と別れたいと思ってしまうのは自然なことです。また、その後の求職に対して積極的じゃないとなった場合などは、もちろん「金の切れ目が縁の切れ目」でしょう。

結婚生活が長く続けば少しでも受け取るものが増えそうだから、退職金や年金を待って別れようと思うのだとすれば、それも「金の切れ目が縁の切れ目」といえます。

とかくお金は、人を狂わせたり、人格を変えることがあるものですが、長年連れ添った夫婦が、その年月の末にお金が原因で別れるというのもうら淋しいものです。それでも、夫にすべて財産を管理されて自由に使えないなど、結婚し続けるこの先の人生を経済的に見たときに、離婚したほうが安心して暮らせそうだという結論を出すのであれば、それも現実だとしかいいようがありません。

また「お金の目処が立てば離婚の目処も立つ」ということもできます。要は誰でも霞を食べては生きていかれないからには、生きていくお金があるのかないのかということが重要であり、それによって縁を切るのか、つなぎ続けるのかという選択をしていくことになるのでしょう。

離婚を考えるとき、「とにかくすぐに別れたい」ということではなく、熟慮すべき問題や心身ともに抱えるテーマがたくさんあることを忘れないでください。そして、考え過ぎるほど考えたそのあとに、とても大切なお金のことを考えてください。

そして、離婚したい理由、その条件に対して、あなたがこの先、生きていくお金を充分に用意することができるのかどうか、その具体的な見方を次章からご一緒に考えてまいりましょう。私がお伝えできる知恵は、多くのカップルの離婚の現場に立ち会って、体得したことばかりです。机上の空論ではありませんので、どなたも自分の身の上に置き替えて真剣に考えていってください。

ではここで、離婚をしても大丈夫かどうかを、改めてチェックしてみましょう。離婚への決心、覚悟を確認してみましょう。次の問いのうち、「Ｙｅｓ」と思う数を数えてください。

離婚決意チェック

問一　結婚当初の気持ちが思い出せない　Yes・No
問二　結婚生活に不満がある　Yes・No
問三　夫の考えが理解できないことが多い　Yes・No
問四　やりたい仕事や趣味がある　Yes・No
問五　新しいことに挑戦するのが好きだ　Yes・No
問六　夫に「養われている」状態に違和感がある　Yes・No

問七　家事は家族のためにするのであって、決して夫のためではない　Yes・No
問八　これからでも生活力を持つ自信がある　Yes・No
問九　いつでも会える親しい人が五人以上いる　Yes・No
問十　自分の人生は自分のためにあると思う　Yes・No

これらの質問のなかで、〇～一項目しか「Yes」と思えなかった人には、離婚することをお勧めできません。万全に思った通りの人生ではなかったとしても、それがどうしても我慢ならないことではなかったのではないでしょうか？　あなたのなかの気持ちの立て直しで、うっかり浮かんだ「離婚」を打ち消すことはそう難しいことではないでしょう。夫のいいところをいくつもあげることができるなら、その点を評価した上で夫婦はお互いに思いやる、そんな優しい気持ちを夫に伝えていきましょう。

二～四項目が「Yes」と思えた人は、細かい内容によっては離婚の方向で考えたほうがいいかもしれません。それでも、離婚後を生きていくことは容易なことではありませんから、できれば、夫との話し合いを持って、夫婦関係の改善をすべきでしょう。ただし、話し合いの時期や方向性を間違えると、思わぬ方向になってしまったり、嫌な気分になりかねませんので、充分に準備をしてください。相手が落ち着いているときや、記念日などにしんみりと、昔の思い出話から入って、これから協力して夫婦生活を築いていきたいなど、前向きな方向に提案するのがいいでしょう。

五～七項目が「Ｙｅｓ」と思えた人は、自分の気持ちの立て直し、夫との話し合いという努力のほかに、思い立った離婚を諦めるような理由を確立させない限り、不満が続いてしまうでしょう。二人だけのことを考えるのではなく、親のこと、子どものこと、世間体、まわりの環境などを考えた上で、離婚の難しさを感じたら離婚はしないほうがいいでしょう。あなたが選ばなかった項目を大切に見直すことが必要です。そして、その内容を具体的に煮詰めることで、選んだ項目を打ち消すことができれば、離婚回避の道へ進めるでしょう。あなたが選べなかった項目は、きっとあなたの思い切れない不安の表れですから、慎重に考え直してください。

八～十項目が「Ｙｅｓ」と思えた人は、離婚を真剣に検討したほうがいいかもしれません。もちろん、この先でお話しするような現実的な要件を押してまで離婚するのは反対ですが、夫婦のあり方や関係を見直して、離婚したほうがあなたのためになると思えるようなら、幸せを目指した離婚を考えていったほうがいいでしょう。その際に、必ず持っていってほしい考えは、夫への不平不満ではなく、自分自身を大切に扱いたいという気持ちです。夫への憎しみからは幸せは生まれません。ずっと頑張ってきた自分を自分で褒めて労ってあげましょう。

そんな優しい気持ちを持つことで、たとえ離婚になったとしても幸せに過ごしていかれると思います。

第2章

自分の置かれた経済状態を知る

夫の資産（収入）を把握する

給与以外の収入は？

今までのところで、離婚をするかどうかを迷っているあなたも、ポイントとなるお金の重要性を充分に理解していただけたと思います。

とりわけ、専業主婦や夫の扶養家族でいられる程度の収入の人にとっては深刻であり、そうなるとどうしてもしっかりと把握しなくてはならないのが夫の収入や資産がどのくらいあるかということです。

こんな話をすると「給与明細はもらっていますから」と自信満々にいう人がいますが、それだけで安心していられるとは限りません。たとえば、会社の出張費などを別の口座に受け取っているとか、サイドビジネスやアルバイトをしている可能性もあります。

それに伴って、いわゆるへそくりのような口座を設けていることもありますから、簡単にすべてを把握しているなどと思っては大間違いなのです。

また、不動産などでも、当たり前のように単なる夫の名義だという理解だけでなく、もしも、ローンが残っている場合には、残額はどのくらいなのか、自分が保証人になっていないかといったチェックポイントも出てきます。

何年か先に夫が受け取る退職金も、財産分与の対象となるものですから、たった今は受け取っていない状態でも見逃すわけにはいかないのです。

調査方法を考える

では、具体的にどうやって調べていったらいいのでしょうか。まずは、銀行の残高です。給料の振り込み口座から洗い直しをします。今はセキュリティが厳しくなって、妻でも残高照会ができない場合もありますが、そこは知恵を働かせて……。

夫が病気で入院しているといって調べた人もいます。通帳を探し出して調べた人もいます。委任状を作って、夫の口座のキャッシュカードを作ってしまった人までいるくらいですから。ただし、これは私文書偽造。まぎれもない犯罪ですからお勧めするわけにはいきませんが、そこまで必死に徹底した人もいるということです。

現在受け取っている給料や退職金はどうやって調べたらいいのでしょう。もしも、会社の経理などに問い合わせたとします。もちろん教えてくれるところもあるでしょうけれど、社内の人や夫に知られる危険性がありますので、あまりうまい方法ではありません。

私がお勧めしているのは、夫の上司や社長などから、常に覚えて、信頼をしてもらえる立場になっておくことです。盆暮れのつけ届けに始まり、折を見ては親しくなっておけば、直談判ができるのです。

それも難しい状況だったり、夫が会社経営者だったりする場合には、いっそのこと、調査会社を使ったほうが無難でしょう。調査会社なら、専門の調べるルートを持っていますから、夫の預金口座や預金残高はある程度調べられます。想像もしていなかった借金が姿を現すかもしれません。

調査会社に依頼するには、それなりに料金がかかりますので、そのあたりは事前に調べてから始めてください。高い調査費用を払ったのに、中身はスッカラカンだったら目も当てられませんから。

改めていいます。あなたがいつも把握していると思っている財産が、夫の収入のすべてとは限りません。あなたが、この先の人生を夫の収入なしに生きていかれるかどうかの重要な問題です。気後れするのなら、あなたは離婚を検討する資格がありません。

悪いことをするのではないのですから、今こそ、徹底的に調べ上げましょう。

自分の資産（収入）を理解する

資産がリスクになることもある

多くの人が意外とわかっていないのが自分の資産。収入、特に勤労所得は誰でもわかっていますが、ずっと前に購入した自分名義の国債や投資信託、満期を迎える定期預金などを忘れてはいませんか？　預け入れをした時点では、あまり気にとめていなかったものでも、離婚後の人生、つまり自分だけで生計を立てていく人生にとっては、重要な役割を果たすかもしれません。

とらぬ狸の皮算用は、最終的に失望をすることもあると思いますが、親の遺産も考えに入れましょう。注意しなくてはいけないのは、とんだ計算違いによって、遺産があなたの人生を助けるどころか、足を引っ張ることもあるということです。

思いの外、相続する遺産が少なかったり、遺産相続でもめてしまったり、下手をすると大きな借金があって相続を放棄せざるを得ないということもあります。

逆に、離婚を機に、老齢の親が生前贈与をしてくれたという幸せなケースもありますから、自分の資産として考えに入れることは必要でしょう。

夫の不動産、特に住んでいるところについては、名義が半分ずつになっていることもあると思います。悲惨なケースでは、購入時にはそうしていたはずなのに、いつの間にか外されていたという人もいますので、ご注意を。

また、隠し財産として、夫が妻の名義の有価証券などを保有していることもあります。そういった可能性がある人は、自分の資産でさえ、調査会社に依頼するほうがよいこともあります。

離婚でもめている最中に見つかっても「名義を借りただけだ」という主張をしてくるかもしれないので、専門家に事前に相談しておいたほうがいいでしょう。本来、どちらが貯めたお金でも解約は本人しかできないはずですから。

ちなみに、子どもがすっかり成長して、おこづかいや生活費の一部を出してくれている場合もあると思いますが、こういった収入は、状況によって変わってくる可能性がありますので、離婚後の生計を考えるときには、カウントしないでおいたほうが間違いがありません。子どもの経済状態も保証の範囲ではないのが現代ですから。

最悪の状況も考慮する

ちょっとうまい話ばかりをあげてしまいましたが、要は、うまそうな話でも気をつけなくてはならないということです。従って、うまい話などそうそうありえないあなただったら、離婚後はかなり厳しい経済状態となることを想定しなくてはならないということです。

たとえば、生活保護を受けようなどと、端《はな》から勘定していては、生活は破綻してしまいかねません。もちろん、そういった福祉政策は数々あります。まったく期待ができないということではありませんが、法改正なども起きますし、初めから期待をし過ぎて安心材料とするのは妥当ではないということです。

そもそも「自分の資産（収入）を理解する」と提案されて、「なにそれ?」という気持ちが起きた人は危険な領域で離婚を考えているといえるでしょう。この機会にぜひ慎重に自分の経済状態を見直してほしいと思います。

夫の年金を把握する

いろいろある年金の種類

あなたの夫は、どういう年金に加入していますか？　強制加入の年金には入っているはず。でも、保険料を滞納しているとか未払い部分があるということもあります。年金未納問題は、比較的最近に議論されていたので、記憶に残っていることかと思います。でも、あれは他人事だと思っていた人も、夫の年金について知っておくべき必要があります。

受取金額も把握する

本来、離婚するしないにかかわらず、把握しておくべきことなのですから、日本年金機構に問い合わせるなどして、公的年金の状態を調べましょう。今は、ホームページなどでも、試算が出せるようになっていますので、ぜひやってみてください。基礎年金番号さえわかっていれば、今までの支払い状況と合わせて、将来の受取金額を照会することができます。

それ以外に会社の企業年金や、共済年金に加入していることもあります。さらには個人年金に加入している人も増えています。個人年金については、他の資産と一緒にどこかで見つかることと思いますが、企業年金や共済年金は、それぞれの会社や組合などで調べます。

夫の年金を把握することは、夫が受取年齢に達したときに、どの程度経済的な余裕を持つことができるかを考えるときに役立ちます。年金だけでギリギリの生活になりそうな場合でも、あなたにも経済的な余裕がなさそうであれば、夫に分与してもらう金額の試算に役立ちます。

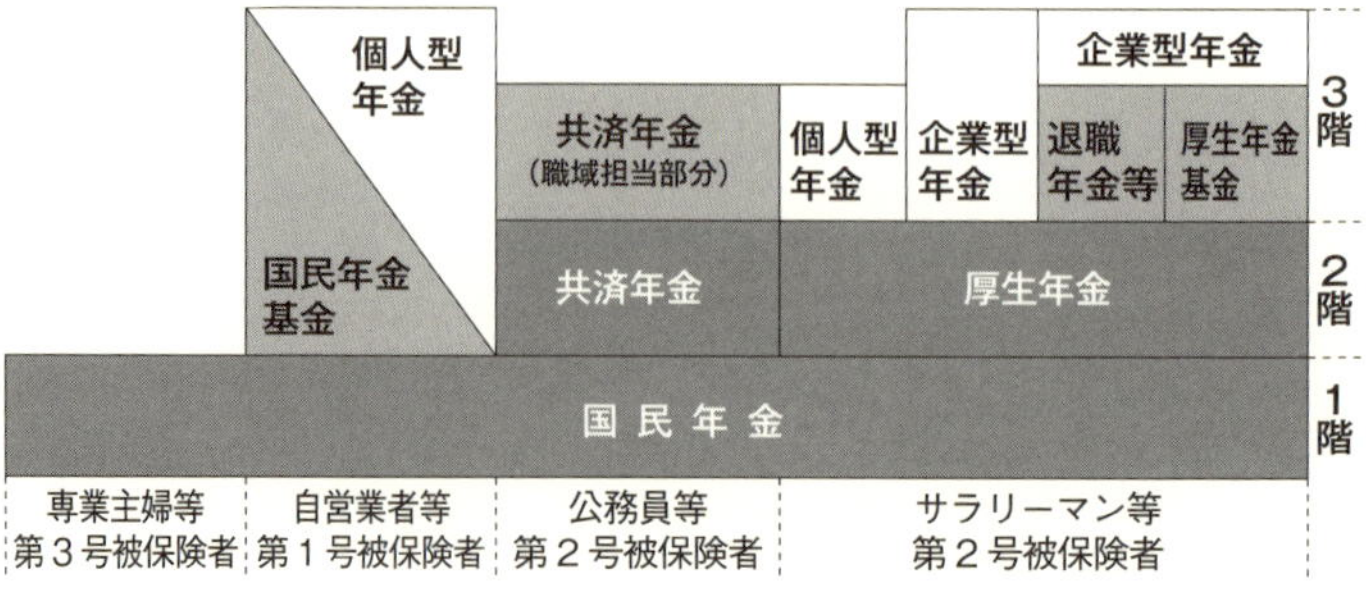

自分の年金を理解する

受取金額はどれくらい？

では、あなたは自分の年金の状況を理解していますか？　ずっと専業主婦で過ごしてきた人は、夫の給料からの天引きで納められている年金保険料の金額さえ知らないのではありませんか？　そして、自分が第何号被保険者であるかも知らずに、権利を主張しそうになっていませんか？

それでは、自分の年金がいくら受け取れるようになるかという試算をすることができません。まずは、自分がどういう状態なのかをしっかりと理解しましょう。

厚生労働省が、現行制度のもとで受給が始まる夫婦のモデルとしてあげている、いわゆる「モデル所帯の場合」で見るとわかりやすいでしょう。モデル所帯（夫婦）とは、夫…二十歳から六十歳になるまでの四十年間、男性の平均的賃金で働いた会社員。
妻…専業主婦で、国民年金に四十年間加入。正社員として勤めに出たことはない。

このような夫婦像です。この夫婦は老後、夫名義の老齢厚生年金と、夫婦それぞれの名義の老齢基礎年金を受け取れるということです。

給与の半分の年金額

厚生年金の給付水準は、このモデル年金額が、その時点の現役世代の平均的な手取り賃金の何％にあたるか（所得代替率）で表されます。二〇二三年度以降には五十％になる見通しもあります。つまり、勤労所得を得ているときの半分の年金で暮らさなくてはならないということです。

しかも、今この本を手に取っている読者のあなたは、離婚を考えているわけですから、ずっと専業主婦で過ごし、厚生年金に加入経験がない人は、基礎年金のみの受け取りとなるのです。

次の表を参考にしてみてください。結婚後四十年も経った夫婦が、夫婦単位で受け取れる金額を見ても「これで暮らせるのかしら?」という疑問が浮かんで当然です。

このような年金の状況のなかで、あなたは今、さらに離婚を考えているのです。いかに経済的な状況を整えて離婚するのが大変かということが、手に取るようにわかります。

念のため、自分の年金額を調べに、年金手帳を手に年金事務所に出向くか、まずはホームページで試算してみてはいかがでしょう?

平成24年度の年金額（厚生労働白書より） **（月額）**

	平成23年度	平成24年度
国民年金 [老齢基礎年金（満額）：1人分]	65,741円	65,541円 （▲200円）
厚生年金 [夫婦2人分の老齢基礎年金を含む標準的な年金額]	231,648円	230,940円 （▲708円）

※厚生年金は、夫が平均的収入（平均標準報酬36.0万円）で40年間就業し、妻がその期間すべて専業主婦であった世帯の新規裁定の給付水準。

※平成23年平均の全国消費者物価指数（生鮮食品を含む総合指数）の対前年比変動率がマイナス0.3%となったため、平成24年度の年金額は0.3%の引き下げとなった。

夫婦の経済の流れを見極める

家計の主役は夫だけ?

本来、夫婦の経済状態については、離婚を考えるときでなくてもわかっていたいところなのですが、現実的には、日常生活においては「なんとなく」「いつものように」過ごしている場合が多く、大きな出費があるときに、その出費について扱いを考える程度になっている夫婦が多いようです。

特に専業主婦の場合、自分は直接外からの収入を得ていないことから、与えられた生活費や、夫から渡された給料のなかからやりくりという作業をするだけになっていることもしばしば。もちろん、それがいけないということではありませんが、夫が収入を得るのに寄与している意識が薄いために、夫任せになっていることもあるのではないでしょうか。

また、夫のほうも「俺が稼いだ金」という感覚が強く、妻の存在を軽んじている傾向があります。

また、扶養家族の範囲内でパートなどの収入を得ている妻であっても、その感覚はあまり変わりないように感じられます。たとえば、子どものおけいこ事や自分の趣味の費用のためにパートをしてきたという妻は、夫婦、あるいは家庭の経済に自分が関与している意識が低くなっているのではないでしょうか。

一方、夫の扶養家族になっていない妻の場合には、自分の収入と夫の収入をよく見た上で、夫婦の経済状態を見ている場合が多いように感じます。

あなたも立派な家計の支え

ただ、いずれの場合にも、一つの家計で暮らしている以上は、その経済状態、特に流れをしっかりと見極めなくてはならないのは同じなのです。できれば、この際、結婚してから現在までの流れをおさらいしてみるのもいいのではないでしょうか。

なぜなら、妻であるあなたが結婚前に貯金していたお金を家族のために使ったことはありませんか？　親が持たせてくれた貯金から、自動車を買う頭金を出したことはありませんでしたか？　このような具体的な働きも含めて、これまでに自分の夫婦の経済がどんなふうに流れてきたかを見てみましょう。

その上で、たった今はどうなっているのかを見直します。自分がいないと夫婦の経済にはどういう影響があるのか、お金はどこからどのように入ってどう使われているのか、家庭の収入に自分が寄与しているのはどういうところか……卑下するのではなく、むしろ過大評価する方向で見るのがコツです。

私がいないと夫はなにも家事ができない

↓家事に取られる時間が多くなってしまう。または、家政婦を雇うことになる

いかがでしょう。この時点で、あなたの存在意義が見えてきます。

私は家計のやりくりに自信がある

↓節約、倹約ができない。光熱費と食費だけで赤字になってしまう

これも夫にとっては深刻な問題になるでしょう。

夫の仕事のグチを聞いたり、八つ当たりを受けてあげる
↓仕事のストレスが溜ってガス抜きができないと、いい仕事ができなくなってしまう

自分はなにもできないなどと思っている妻たちよ！　あなたたちの能力がいかに大きいか、あなたたちの存在がいかに必要なものか、そして、夫婦の経済の一端を担っていることに自信を持ちなさい。

将来的な経済状況を見極める

定年退職後の家計について

離婚をするかしないかにかかわらず、将来、特に定年退職後の経済は考えておかなくてはならないでしょう。それによって、他の条件を鑑みた上で離婚するかしないかを決めたほうがいいといえるくらいです。

まず、考えられるのは再就職です。定年退職後に夫が再就職をして、収入が続くのであれば、夫婦で生活していくにも困らないでしょうし、離婚しても生活扶助を受けられる可能性があるといえます。離婚によって、経済的に困窮するほうの配偶者を扶助する義務は、年齢に関係なく続きます。

定年後や老後の生活に備えて、あなたの夫はどんなことをしているのでしょう。こういった備えは、夫婦で考え、ともに工夫をしているはずなのですが、現実的には夫が一人で準備している夫婦も多いので、要チェック項目になるでしょう。

資産はとことんチェック

年金受け取りまでの期間は、貯金を切り崩していこうという人が多いようです。あるいは、貯めたお金を株や投資信託、金投資や外貨預金で運用している人も増えています。ということは、預貯金や有価証券などの資産をけっこう持っているということになります。

最近注目されているのは個人年金保険です。個人年金保険は、契約できる人が限られているものもありますが、将来の安心を得たい人には心強い味方になっています。ただし、年金法でいう第三号被保険者（サラリーマンの妻）は、加入できないものもありますので、夫の個人年金に自分の分も含まれていると思い込んでしまうと計算違いになります。

しかし、個人年金を受け取れる夫か、そうでない夫かによって、生活力が違ってくることは間違いありません。これは、離婚をした場合にも、相手の経済力の違いがあなた自身の生活にかかわるという意味では、知っておかなくてはならない点といえるでしょう。

年金法改正について

〝2007年離婚〟とは？

熟年離婚がブームのようになってしまった原因の一つに、二〇〇七年施行の年金法改正（通称）があります。少子高齢化が進んだり、個人、特に女性の生き方や働き方が多様化してきたことに合わせて、「離婚時の厚生年金の分割＝配偶者の合意または裁判所の決定があれば、離婚時に厚生年金を分割できるものとする。当事者双方の婚姻期間中の標準報酬総額の半分を上限とする」と記されたものです。

離婚時の年金分割には、①合意分割制度と、②3号分割制度の二種類があります。

合意分割制度は、二〇〇七年（平成十九年）四月以降に離婚した場合、要件を満たせば婚姻していた期間に発生した厚生年金記録（標準報酬月額・標準賞与額）を分割できるという制度です。分割の割合（按分割合）は夫婦で協議して決めることになっていますが、合意できなければ、裁判所に調停の申請もできます。離婚届を出すときに決定できなくても、離婚成立後二年以内に、合意内容を公正証書などにして年金事務所に提出することで分割できます。

　婚姻期間に妻がずっと専業主婦であれば、最大で夫の厚生年金記録の半分を妻に分けることが可能です。共働きで、夫婦とも厚生年金が受けられる場合、標準報酬総額が多い人から少ない人へ標準報酬記録を分割

年金分割のイメージ

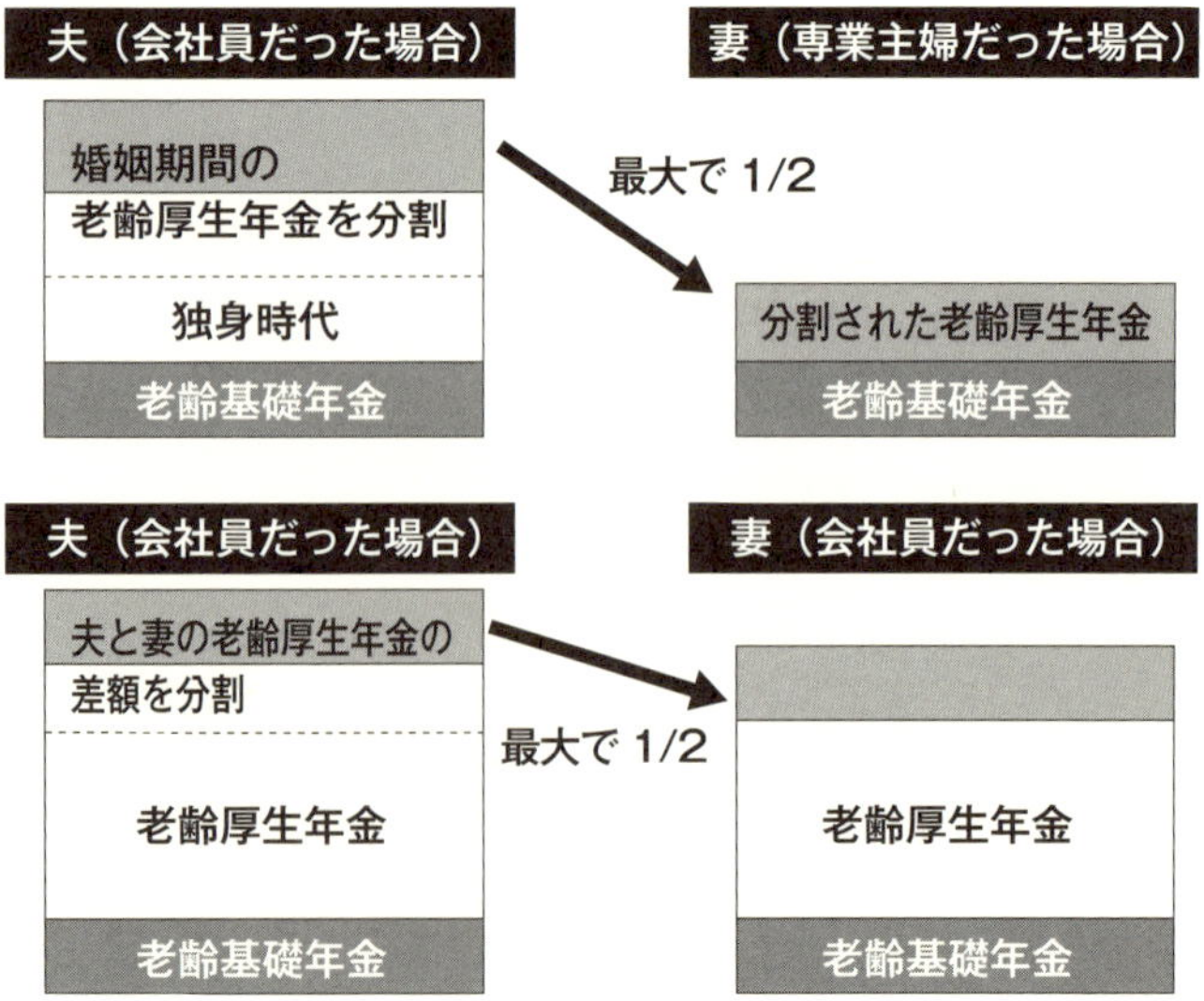

することができます。従って、妻の標準報酬総額が夫の標準報酬総額よりも多い場合、按分割合によっては、妻から夫へ標準報酬記録が分割されることになります。

３号分割制度は、二〇〇八年（平成二十年）四月に始まった制度で、二〇〇八年四月以降に離婚した場合、二〇〇八年四月一日以降の婚姻期間中の第三号被保険者期間における相手方（夫）の厚生年金記録を第三号被保険者であった者（妻）からの請求によって、二分の一ずつに分割できる制度です。離婚成立後二年以内に妻が年金事務所に申請すれば、二〇〇八年四月から離婚時までの夫の厚生年金記録の半分を妻からの請求で自動的に分割できるようになりました。３号分割制度では、夫婦間の協議や裁判所の決定が必要ありません。

ただし、あくまでも第三号被保険者であった期間が分割の対象になります。共働きで一定基準以上の収入がある妻は、第三号被保険者に該当しませんのでご注意を。

とにかく、わからないことは自分の住んでいる地域にある年金事務所に問い合わせて、しっかりと調べてもらうことが大切です。とても時間がかかると聞いていますので、時間の余裕を持って、何度か足を運んでみることをお勧めします。

第三号被保険者とは?

ではここで、まずは自分が確かに第三号被保険者であるかどうかの確認から始めましょう。

第三号被保険者の資格は、厚生年金・共済組合に加入している会社員・公務員に扶養されているだけでは取得できず、必ず届出をしなくてはなりません。

第三号被保険者にかかわる届けは、夫が勤めている会社や共済組合に出します。健康保険と合わせて届出をするのが普通です。

過去に出し忘れた届けを出したい場合(「第三号被保険者特例該当届」の届出)は、年金事務所で手続きします。

では、離婚時の年金分割をイメージしてみましょう。

標準報酬月額が三十万円の夫と収入ゼロの専業主婦の妻の場合。厚生年金記録を半分に分割するということは、どちらも十五万円の給料で働いていたと見なして、年金(報酬比例部分)の計算をするということです。

また、標準報酬月額が夫三十万円、妻二十万円での共働きの場合。厚生年金記録を半分に分割するということは、どちらも二十五万円で働いていたものとして年金の計算をするのです。

この結果は、年金の計算の基礎となる記録を分割するということなので、いったん分割が成立すれば、その後、元夫の生死や再婚に影響を受けることはありません。自分が再婚しても、分割された年金が減額されることはありません。

しかし一方で、離婚時の年金分割に際し、注意点もあります。ひとつは「離婚時みなし被保険者期間」というものです。離婚時の年金分割を受けた期間（離婚時みなし被保険者期間）は、年金を受け取れるかどうかの受給資格期間には算入しません。自分自身の年金加入期間が不足していると、年金分割をしても年金を受け取る権利は発生しません。

たとえば、夫が厚生年金加入で、妻が自営業などをしていた第一号被保険者で、保険料の未納が多かった場合などがそれにあたります。

二十歳～三十歳まで国民年金未納、三十歳で会社員と結婚、三十歳～五十歳までは、自営業者として国民年金第一号被保険者であったが滞納し、五十歳で離婚したというケースです。

このケースでは、三十歳から五十歳までの婚姻期間については、年金分割できますが、年金をもらえるかどうかという受給資格期間に、このみなし期間は算入しません。この二十年間は、本来年金を受給するのに必要な原則二十五年の期間には入れることはできないということです。

ですから、この人が五十歳から六十歳まで十年間、国民年金や厚生年金の保険料を払ったとしても、受給権は発生せず、従って、せっかく年金分割したのに、もらえないということになります。

これは極端な例ですが、第一号被保険者が滞納していたようなケースでは、こういうことも起こりうるということです。

ところで、年金分割以外に気をつけておきたいことがあります。「加給年金と振替加算の関係」です。二十年以上厚生年金に加入していた夫には、加給年金（年金の配偶者手当のようなもの）がプラスされます。加給年金は妻が六十五歳になるまでで、六十五歳以降は妻自身の年金（振替加算）としてプラスされるのです（妻が年上の場合は、夫が厚生年金の定額部分または、老齢基礎年金をもらえるようになったときにプラスされます）。

振替加算の金額は生年月日によりますが（昭和四十一年四月二日以降生まれはなし）、妻六十五歳以降、振替加算がプラスされるようになったあとに離婚しても、振替加算はなくなりません。妻が六十五歳未満で離婚すると、振替加算はもらえませんので、あともう少しで六十五歳というときは、六十五歳を待って離婚したほうが、年金としてはプラスになります。なお、年金分割により、離婚時みなし被保険者期間が二百四十月以上となった場合、振替加算は止まりますので注意が必要です。

夫の年金も千差万別ですし、妻も同様です。ですから一人一人の年金は個々で対応するしかありません。その認識をした上で、四例のQ＆Aを見てください。少しでも近いケースで概略をつかむことができると思います。

年金Q＆A

Q 二〇〇七年四月以降、離婚の場合は夫の年金を半分もらえるようになったと聞きましたが、現在夫がもらっている年金の半分はもらえると思っていいのでしょうか。六十五歳の夫は、現在約二百万円の年金をもらっています。

A 年金分割の対象になるのは、厚生年金記録（標準報酬月額・標準賞与額）ですから、年金額そのものを分割するわけではありません。また、夫の年金の二階部分にあたる老齢厚生年金（報酬比例部分）だけですから、最大でも二階の年金の半分です。二百万円の年金といっても、そのうち老齢基礎年金は対象にならず、老齢厚生年金も分割できるのは、婚姻期間分の厚生年金記録ですから、独身時代の分は対象になりません。夫がもらっている年金の半分と思っていると、とんでもない間違いになります。また、分割割合（按分割合）は最大で二分の一です。話し合いによっては二分の一にならないことも考えられます。

Q 夫は六十三歳、私は五十七歳。夫は年金をもらっていますが、離婚して年金分割を行ったら、そのときから私は夫の年金をもらえるのですか。私は厚生年金に加入したことはなく、結婚後はずっと専業主婦で夫の扶養に入っています。

A 離婚して年金分割が成立しても、あなたの場合はすぐに分割した年金をもらえるわけではありません。なぜなら、妻が分割された年金を受け取れるのは、自分の年金の権利が発生してからです。厚生年金の加入がなく、ずっと専業主婦であったあなたが自分の年金をもらい始めるのは原則として六十五歳から。六十五歳になって初めて分割された年金をもらえるということです。

Q 離婚で年金分割をしたあとに、別れた夫が死亡すれば、年金はもらえなくなるのでしょうか。

A いったん分割が成立すれば、その後の年金は、夫の生死には関係ありません。分割後に元夫が亡くなっても、あなたは一生年金をもらい続けることができます。どちらかが再婚しても分割された年金には影響しません。

Q 私たちは職場結婚し、その後も共働きです。給料はほぼ同じくらいです。共働き夫婦でも、離婚すれば妻は夫の年金を半分もらえるのですか。

A 離婚時の年金分割は、夫婦の婚姻期間の標準報酬総額に差がある場合です。専業主婦はもちろんですが、働いていても夫より給料が少なくて、将来の年金に格差が出る場合、その差額を半分に分けようという考え方があります。ですから、給料が同じくらいですと、それぞれの年金も同じくらいの金額になり、年金分割する意味がありません。夫の厚生年金記録の半分をもらえると考えると、これも間違いです。

知らないと過大な期待をしてしまうことがよく理解していただけたと思います。それでもまだある勘違いをご紹介します。

年金分割の勘違い

夫の年金は半分もらえる

実は‼ 老齢基礎年金・定額部分は対象にならない

実は‼ 報酬比例部分のみ

実は‼ 婚姻期間のみ

実は‼ 合意分割制度では分割割合による

年金分割が成立すれば、すぐにもらえる

実は!! 分割された妻自身が受給資格期間を満たさないともらえない

実は!! 妻自身の支給開始年齢にならないともらえない

二〇〇八年四月以降は合意がなくてももらえるようになった

実は!! 第三号被保険者だった者の請求で自動的に二分の一に分割されるのは、二〇〇八年四月以降の第三号被保険者期間

実は!! 二〇〇八年四月以降も、二〇〇八年三月までの期間については、合意か裁判所の決定が必要

潤沢な年金の分割を受けて、悠々自適に暮らそうと思っていたあなた。人生はそんなに甘くはないのです。

離婚で注意しておきたいことは、離婚後に年金分割だけに頼るのは危険だということです。たとえば、夫の報酬比例部分百二十万円をすべて二分の一に分けたとしても六十万円にしかならないのです（報酬比例部分百二十万円というのは、四十年近くサ

ラリーマンだった男性の平均的な金額で、定額ということではありません)。

また、共働きの場合は、年金の差額を最大半分に分割するというイメージなので、専業主婦以上に年金分割には期待できないことも覚えておいたほうがいいでしょう。

自分の年金受給権がないと、分割しても受け取ることができません。それどころか、自分の年金も受け取れないということになります。夫が受給していること＝あなたが受給できることではありません。

自分の受給権があるかどうかは、基礎年金番号に基づいて年金事務所などで調べればわかります。また、ねんきん定期便も送付されるようになったので、定期便で確認できる場合もあります。しかし、なかには年金未加入になっている場合などもあります。

なぜならば、二十歳以上の基礎年金の強制加入は一九八六年(昭和六十一年)から実施されたものなので、その時点ですでに加入すべき年齢を超えている人のなかに、手続きをし損なって未加入になっている人もいるからです。

そのあたりも含めて、洗い直しをしたほうがいいでしょう。

もし、受給権がないとわかったときには、未加入(未納)状態に合わせた対策がとれますので、すぐに手続きをすることをお勧めします。

おさらいです。

・年金分割の焦点は、分割割合（按分割合）。最大で二分の一。
・請求は離婚成立後二年間。
・事実婚の解消では、年金分割できない（事実婚でも第三号被保険者期間がある場合には、その部分のみについては分割可）。
・夫の年金が多くても、婚姻期間が短いと、分割できる年金は少なくなる。
・自営業の夫（第一号被保険者）と別れても、年金分割はできない。
・共働きで妻の収入が多い場合は、逆に夫から妻に年金分割を請求されるケースもある。

あなたはもうこれで、「年金分割」という言葉に惑わされることなく、マイペースで自分の人生を考えることができるでしょう。

●年金基礎知識

国民年金の被保険者の種類は三種類。

第一号は、自営業・自由業・農林漁業・学生・無職の人で、二十歳以上六十歳未満の人。第二号は、会社員・公務員など、いわゆるサラリーマン。第三号は、第二号に扶養されている配偶者で、二十歳以上六十歳未満の人のことです。

そのほかに、任意加入被保険者があります。日本に住む六十歳以上六十五歳未満の人で、年金額を満額に近づけたい人や年金の受給資格期間に満たない人、六十歳未満の老齢（退職）年金受給者、二十歳以上六十五歳未満の在外邦人、六十五歳まで加入してもまだ年金を受けるための期間が不足する人のなかで昭和四十年四月一日以前生まれの人は、七十歳になるまでの期間で資格を満たせる場合のみ、加入期間を受給資格満了まで延長できます。

●年金の問い合わせ先

年金の問い合わせは、年金事務所や街角の年金相談センターなどでできます。自分の年金の加入状態や種類、納入状況などをきちんと把握するには、やはり日本年金機構の正規の機関で調べるしかありません。さらに、今後受け取れるであろう年金についても試算をしてもらえます（「日本年金機構年金ダイヤル」〇五七〇-〇五-一一六五、「ねんきん定期便・ねんきんネット専用ダイヤル」〇五七〇-〇五八-五五五）。

また、同じような問い合わせはインターネットでも可能です。年金加入期間については誰でも、見込み額については五十歳以上の方のみ照会ができます。

・**日本年金機構のホームページ**

http://www.nenkin.go.jp/

・**ねんきんネット（年金加入記録照会・年金見込額試算）**

http://www.nenkin.go.jp/n/www/n_net/index.jsp

・**離婚時の年金分割**

http://www.nenkin.go.jp/n/www/service/

第3章

離婚によって あなたはどうなる？

離婚によって明らかに得をする妻

悠々自適の条件は？

精神的なダメージや世間体を度外視した上で、離婚をしたら、先の人生に得をすると思われる妻もいます。「夫と別れたい」と一度でも思ったことがある人にとっては、羨ましいような話です。

たとえば、夫と変わらない収入がある妻はどうでしょう。将来的にも収入が続き、老後への蓄えも充分な妻だったら、別れたい夫と一緒にいないことになる分、幸せだということです。このケースでは損とか得という発想すらそぐわないことになります。

やはり、それまでの人生で離婚に踏み出せない妻のほとんどは、専業主婦や、夫に比べて収入が極端に少ない人たちです。つまり「別れたいけど、別れたら生活が成り立たない」と思って我慢してきた人たちです。

そんな妻たちが、子どもに手がかからなくなったからこそ離婚の機会になったといえるのは、夫の収入が安定している場合でしょう。そして、実家に頼れる、ある程度以上の預貯金などの資産がある、子どもが独立しているといった条件が必要です。

退職金も財産分与の対象に

そこでまず考えられるのは、財産分与です。婚姻中に手に入れた財産は、すべて妻にも権利がありますから、正確に分与を受けることで、離婚後の人生がすぐに不安にはならない結果になるでしょう。

財産分与をするときは、時価で評価します。ただ、車でも家具でも保険証券でも、いちいち売ったり解約して分けるというより、それぞれが必要なものを受け取り、その分を時価で評価した半分の金額を受け取る形もよく見られます。

すべての財産を算出したら、寄与度によって、分与する割合を話し合います。専業主婦の場合は、三十％から五十％くらいが認められる目安です。財産分与は、現金で受け取る場合には、所得税、贈与税がかかりません。

また、もしも財産分与をし損なったり、金額が低く算定されてしまった場合などは、離婚成立後でも財産分与の請求ができます。ただし、離婚成立から二年以内が時効となりますので、しっかり見直すならば、時効が成立する前にしましょう。もちろん、本書で再三お伝えしているように、夫婦の財産を把握する作業は、離婚を考えている段階で行うべきであり、離婚後におたおたするのはトラブルの元だったり、うまくいかなかったりするので避けるようにすべきです。

忘れてはならないのが、夫が定年退職前であっても、退職時に支給される定年退職金は、財産分与の対象だということです。そのために調べておいた金額を計算に入れなくてはなりません。退職金の分与にあたっては、婚姻年数や寄与が考慮されます。また、専業主婦の場合、経済的事情を考慮した上で、つまり、収入がないことで圧倒的に弱者になることがわかっているので、離婚後の一定の期間は扶養をするべきだと見なされることもあります。つまり、しばしば生活に困らないで過ごせる可能性があるのです。

さらに夫が慰謝料を支払うような条件を持っていて、支払う意思があれば、この上ないチャンスでしょう。代表的なものは、不貞行為です。もし、夫の長年の不貞行為に我慢を強いられてきたとしたら、精神的な苦痛はかなりのものだったでしょうから、今までの辛抱をお金に換算してきちんと清算してもらうべきです。

不貞行為ではなくても、暴力や暴言を被ったり、仕事一辺倒の夫が妻や家庭を顧みなかったという場合でも、それに対する苦痛が説明できるなら、慰謝料の対象になります。

結婚当初は、夫を支えて頑張ってきたという歴史があるかもしれません。当時は、お互いにラブラブで楽しく協力し合ってきたのでしょう。そして、やがて夫が出世して豊かな生活をしてきた夫婦。

でも、それに合わせるように、夫がなんらかの理由で妻や家庭を顧みないようになった日々。それでも、子どもを不幸にしたくないとか、別れたら生きていかれないという強迫観念で頑張ってきたあなただったら、離婚を決断することで、明らかに得をする妻になれるでしょう。離婚後の人生を充実したものにできるかどうかは、あとはあなたの気持ち次第です。そして、離婚を得なものにするのも損なものにするのもあなたのお金に対する意識の高さと、自分のこれまでの結婚生活に対する自負ですから。

離婚で明らかに困窮する妻

離婚のリスク

正直なところ、離婚において損か得かということを考えたとき、圧倒的に損をする妻のほうが多いのではないかと私は思います。老後とまでいかないまでも、これからパートナーのいない人生を送る不安と淋しさを感じることもあるでしょうし、離婚＝人生の失敗と捉えられることも辛く感じるでしょう。

また、共働きでも、二人分の収入で一つの家庭を営んでいたのに比べて、経済的に厳しくなるのは当然です。ですから、広い意味では、離婚後は困窮するといってしまうこともできるくらいです。

そのなかでも、特に困窮する可能性がある人はどういう場合か考えてみましょう。

まずは、妻自身に収入がないこと。この場合は、夫からの財産分与などがあっても不安は当然のこと。つまり、明らかに困窮する妻の第一条件は、収入がない妻ということになります。

離婚後に仕事を持つ予定があるならばいいのですが、ずっと専業主婦で過ごしてきた人が、ある程度以上の年齢になってから新しく仕事を持つ、しかも、一人で生きていかれるほどの収入を得るとなると、かなりの困難が予想されます。

復職なども、特殊技能が関係するものでもなければ難しいのが現実です。特に一般事務職や総合職は、新しいシステムに慣れている人を採用したい職場ですから、ほぼ不可能と思ったほうがいいでしょう。

さらに、夫がリストラをされている、会社が倒産してしまった、好きな仕事で独立を目指したり、アルバイトなどで満足してしまい再就職をしていないなどのいわゆる「お金がない」状態であったらどうしようもありません。この場合は、離婚するかしないか以前の状況といえるでしょう。つまり、なにももらえる見込みがないということで、離婚不適切というわけです。

ただ、夫の経済的窮地をこれ以上助けるつもりがなく、自分にも被害が及びそうだということで別れるのであれば話は別です。そうなったら、夫の大きな被害よりも自分一人で、貧しくても安全に暮らすことを選択するということも考えられます。

夫の借金も財産分与の対象に

また、夫に借金がある場合も気をつけなくてはなりません。もしも、夫が勝手に作った借金ならば、あなたがその保証人になっていない限り影響はありませんが、婚姻中の生活費や事業を存続するために個人で借り入れたものとなると、あなたにもその負の財産の権利（義務）が発生してしまいます。

借金も財産のうち、そんな言い方もあるくらいです。当然、分与の対象となってしまいます。ほかに受けられる財産分与の額を超える借金があったり、直接借金という感覚がなくてもローンが残っていたりする場合は、背負い込んでしまうことに注意が必要です。ただし、お金のない者から取ることはできないので、収入がない、生活がいっぱいいっぱいという人が、困窮してまで無理をするのはよくありません。債権者とよく話し合うことです。

女性が一人で生きていくことを選ぶのです。慎重の上にも慎重を重ね、困窮するのがわかり切っている女性にとって損な離婚は回避するようにしていただきたいと願っています。

経済的な困窮を考えているところで、ちょっと不謹慎な話かもしれませんが、私は再婚も生きていく上で重要な選択肢だと思っています。できれば、お互いの精神的な支えになるとか、趣味をともに楽しむといった心のつながりで再婚するほうがいいのかもしれませんが、現実的にはどうなのでしょう？　未婚、あるいは離婚によって、シングルになっている男性が、あなたを選んで再婚するというのなら、そこに経済的な救いを求めても罪にはならないでしょう。以前は結婚は「永久就職」といわれていたくらいなのですから。

あまり卑しい考えで再婚を狙うのは、はしたないと思いますが、ともに生きること＝心身と経済を支え合うことですから、結婚の基本に戻って、再婚を決意するのもいいことではないかしら。新しい人生を踏み出せるのでは？

私のところでは、東京・大阪で「アッコブライダルサロン」という結婚相談所を運営し、そのなかで再婚コースも設けていますので、恥ずかしがらずに、また、諦めずに訪ねてみてください（http://www.azco.tv/）。きっと、考えも前向きに変わって、次のステージに突入できることと思います。

過去に離婚、再婚を通して幸せを形にして提供してきた岡野あつこだからこそ、あなたの新しい人生の第一歩を応援できるのです。

最近では、離婚相談の段階で再婚も踏まえて、今までの人生をリセットして新しい人生を目指す前向きな女性も多く見受けられます。

損得に関係なく離婚したほうがいい夫婦

お金より大事なこともある

本書ではここまでに、離婚後に無事に生活できるかどうかを基準に、離婚について検証してきました。それは、あまりにも感情に任せた離婚や、もらえるものももらわないで、離婚後の生活に困窮するケースが多いことに危機感を覚えるからです。

このことは、離婚に限ったことではないのですが、年齢が高くなったときには、就職も難しく、いわゆる「お金に困る」状態が続いてしまう可能性が高いので、厳しく検討してほしいと願う「親心」のようなものです。

そして、実際に、早まった離婚をして悩んでいる人を見ると、どんなにそのときは疎ましかったパートナーのことでさえ、いざ自分が仕事や人間関係で大変な状況にさらされると「いい人だったかも……」と思えてしまうほど、後悔に苛まれているのです。

夫婦問題研究家として、そういった多くのケースに接するなかで、今こそ、時流や感情に流されずに夫婦関係や離婚について見直すべきだという考えに至ったのですが……。

とはいえ、世の中には損得では計れない夫婦の関係や離婚もあるのが事実なので、改めてお話ししたいと思います。その多くは、法的にも認められた離婚事由によるものです。

したほうがいい離婚

離婚全体のなかでなんといっても相談件数が多いのは、夫の不貞行為です。それも、ちょっとした浮気や気の迷いでしかないと判断できる場合には、私は離婚なんて大反対です。許し難い気持ちは充分に理解できますが、それこそ損得を考えるべきケース。お金だけではなく、精神的な喪失感も考えると、少しのことなら短気は損気。今すぐでなくても、離婚はいつでもこちらから、突きつけることができるのですから。

でも、浮気が長い年月に及んだり、一度別れてもまた再開してしまうような場合には、ちょっと考えたほうがいいでしょう。浮気相手との関係が、事実婚のようになっている可能性もあります。

そのような場合、夫の心が離れているだけにとどまらず、生活費が流出していたり、年数や過ごし方によっては、相続の権利も発生してしまいます。もし、相手の女性とのあいだに子どもがいる場合となると、ますます事態は深刻。別れさせるにも時間や労力、そしてお金がかかりますから、すっぱりと離婚をしたほうがいいといえます。

もちろん、夫を手放すことができないと思うのであれば、その範疇ではありません。身を磨り減らしてでも、夫を取り戻すか、我慢し続けるしか道はないでしょうから。

また、外に別の家庭を作ったり、勝手な行動をしたいがために生活費を入れなくなったりするいわゆる悪意の遺棄の状態の場合も、そんな結婚を続けていても意味がないので離婚をお勧めします。もちろん、生死が三年以上明らかでないといった場合は、容易に離婚ができます。そんな夫を持ち続けているのは、本当に馬鹿らしいことです。

そんなときこそ離婚しましょう！

「配偶者が強度の精神病にかかり、回復の見込がないとき」というのも離婚事由として成立します。あらゆる負担を考えると、私は離婚を勧めています。なかには、特に男性にいわせると、相談の専門家でも、男性の意見は「そうはいっても、そんなときこそ支えるのが夫婦というものだ」という見解に至ることが多いようですが、頑張ってやってみて将来を考え抜いたからこそ、もうそれ以上妻の人生を夫に振り回される必要はないのではないかと思います。

ですから、他人からの評価や目先の損得は考えずに、離婚後の新しい人生設計を立てるべきです。一生添い遂げると決意した結婚であっても、寿命が延びている現実から考えると、残りの人生のほうがずっと長いのですから、前向きに気持ちを切り替える選択、勇気が求められます。

もちろん、これまでにいろいろな場合において、離婚した女性の再出発の大変さを述べてきました。それはそれで厳然たる事実ではあります。でも、抱えている問題、しかもそれが夫自体が持つものである場合には、妻に「もうイヤ」という気持ちがある以上は、我慢を強いるほうが残酷だと思います。勇気と思い切りを持って離婚に向けて突き進むべきです。これまで頑張ってきたあなたなら、この先の人生を自分のために好転させることくらいできるはずですから。

経済的な損得どころか、命にかかわるのが暴力＝ＤＶです。ＤＶに関しては、まずは身を守ることが最重要。離婚に向けて話し合っているあいだに、心身ともにボロボロにされてしまいかねないのですから、とにかく別居をしてから離婚を話し合いましょう。年齢が上がっても、女性は男性の体力にはかないません。身の安全を守ってから、先のことを考えても間に合います（この場合の身の安全には、言葉の暴力などによる精神的虐待も含まれます）。

その他一般的に適用されるのは、性的不能、親類との不仲や不和、あまりにも熱心過ぎる宗教活動などがありますが、いずれの場合も、度を超した状態に残りの人生を邪魔されるのは間違っています。離婚を目指しながら、経済の安定をじっくりと考えるのもいいのではないでしょうか。

あなたの人生です。あなた中心に、あなたのためだけに考えることを誰にも止めることはできません。

自分がまず、幸せになってこそ、親や子ども、そして夫さえも幸せにできるのです。大切なことは、人のための人生ではなく、あなたのための人生だということです。

損得に関係なく離婚しないほうがいい夫婦

流行りに流されてはいけない

誰でも、できれば離婚しないほうがいいという意味では、どの夫婦も離婚しないほうがいい夫婦です。でも、この頃のご時世のように「離婚」という言葉が蔓延し、「あなたは大丈夫？」とか「夫婦関係を見直そう」とか「もう我慢することはない」などという誘い文句のような文字が雑誌の誌面などを飾ってしまうと、特に考えなくてよかった夫婦まで離婚の危機を迎えてしまうのではないかという不安があります。

もちろん、夫の浮気や借金などの不誠実な行為に気づかないままでいた人が、ご時世に誘発されて気づくことができたとしたら、夫へリベンジするにも時期を早めることができるので、いけない状態だともいえません。

愛情があるなら引き返そう

では、損得に関係なく離婚しないほうがいい夫婦とは？　くだらないと笑わないでください。信頼関係、愛情関係が成立している夫婦です。当たり前のことのようですが、離婚経験のある友人などから「一人になると清々するわ」などと聞いてしまい、自分も離婚してもその後の人生が困らなそうだという目処が立ったために、離婚をしてしまった女性もいるのです。

確かに夫がいれば大変なことも、面倒くさいこともあるでしょう。でも、人の体験談を浅はかに聞いて離婚に踏み出したのはナンセンスとしかいいようがありません。夫もどうして受け入れたのか不思議ですが、もしかしたら、浮気相手と結婚しようなんて約束をしていたばかりだったのかもしれませんね。

いずれにしても、離婚を損得だけで計って考えること自体が問題です。どんなに損でも別れなくてはならないときは別れる。どんなにおいしい話でも不必要な離婚はしない。これが基本です。離婚は、本質的に相手をどう思うかという気持ちのなかで、配偶者として認められなくなった場合にのみすべきなのです。

退職金をうまく半分受け取るには

専門家に相談してみる

このような先行き不安な状況での離婚の場合、夫の早期退職金や退職金というのも、意外と大きな経済的なポイントになります。退職金は、夫の勤務状況や会社の状況などで大きな違いがあるものですが、一例をあげて見てみましょう。

夫の退職金が二千万円の妻がいます。この場合の、退職金の金額はほぼ確定だと想定してください。妻は、専業主婦で、夫が仕事に集中して従事できるように、労力を惜しまず長年にわたり支えてきました。家事や育児も一手に引き受け、夫にとってはなにひとつ不自由があった状態ではありません。

しかし、定年を前に、そんな夫に捧げた人生が馬鹿らしくなった妻は離婚を申し出るのです。自分の人生を自分らしく生きてみたくなったからです。

ところが、財産分与だけではどう考えても生活困難が目に見えるので、間もなく受け取る夫の退職金の分与を申し出ることにしました。この妻は、明らかに半分＝一千万円を受け取ってもいいのではないかと思うのですが、実際は夫の抵抗によっては半分以下の場合もあったので、まず必要なのは、弁護士などの法律の専門家や多くの人の離婚事例を見てきたプロのカウンセラーに相談することです。

弁護士の費用について

仮に、弁護士に相談に行くと、三十分（五千円）で財産分与の金額の目安の回答が得られるでしょう。でもそこで、納得してはダメ。弁護士のセカンドオピニオンです。別の弁護士に同じ内容で金額を算出してもらいます。もし、このように何人かの弁護士の意見を聞いたところで、数万円の出費です。より確実な答えを出すためには、聞く事柄を端的に決めて、二〜三人くらいに相談して見解を見出してみましょう。

さて、通常であれば二分の一の一千万円という回答を出した弁護士がいたとします。妻はその弁護士に退職金分与の申し立ての代理人を任せることになるのですが、ここでも依頼時のポイントがあります。

弁護士への成功報酬として、たとえば一千万円満額が取れた場合には、十%を支払う契約だったとします。その場合、たいがいはその金額で決まればよしとなります。もしも、もう少し多くほしいという場合、プラス三百万円になった場合には、その五十%を支払うというような弁護士のモチベーションが上がる契約を提案するのです。このケースのように、財産分与では充分に暮らせないという予想が立つときには、退職金からの取り分を少しでも増やすために弁護士の交渉力を発揮してもらうのです。もちろん、弁護士を信頼して、謙虚な気持ちでお願いすることも大事です。今は弁護士の報酬規定がなくなっているだけに、弁護士の交渉力の対価を上げることで、相談者がより多く受け取れるようにひと頑張りしてくれる弁護士も多いはずです。

また、受け取れることになった退職金は弁護士の口座に振り込んでもらうということがあります。きちんと報酬規定を決めて書面にしてあれば間違いはないのですが、振り込まれたお金を受け取るだけなのに、人質を取られているような不安を覚える方もいますので、なるべく早い段階で弁護士とよく話し合って、納得した形で受取口座を決めておいてください。

年齢による検証

求人先の望む年齢を考慮する

単純に離婚といっても、パターンはいろいろです。特にいろいろな場合が出てくるのが年齢。自分の年齢、相手の年齢、そこから予想される残りの人生の時間です。

まずは、自分の年齢というところから考えてみましょう。母親が働きに出るために子どもが一人で留守番できる年代で離婚をするとして、若い人の場合なら三十代後半ということになるでしょう。そして、自分一人で仕事を探して生きていこうとするにも無理がない年齢なら子どもが成人した五十代です。

この年代が自分の気力や体力のみならず、求人先の望む年齢ゾーンに入れないのも事実です。悲しいことですが、特別なキャリアや技能がある場合でなければ、就職をするときの望まれる年齢という残酷なハードルが目前に立ちはだかることになるのです。

こうして考えると、離婚してから生活のために働こうとすることだけでも、年齢を考慮しないわけにはいかないのです。ですから、年齢が上がれば上がるほど、離婚後の生活が苦しくなる可能性が高いといえるのです。もちろん、年金受給年齢に差しかかることで、その分は多少楽だということもできるのですが、あなたは自分の年金受給額を知っていますか？　前章で調べてみた人はもうおわかりと思いますが、とても生活ができる額ではない人がほとんどなのです。

就職の可能性が低い年齢になってから離婚する場合は、かなりしっかりと生計の目処を立てることが必要です。受け取れるものを受け取らずに離婚をしてはいけないのです。

嫌な話ですが、離婚時の年齢が上がれば上がるほど、自分がリセットして幸せを体感できる人生は少なくなります。

「自分の大切な人生だからこそ、夫と別れて思い切り自由になって自分らしく生き生き暮らしたいわ」と離婚後の不安を吹き飛ばすくらいの勢いで、あとから自分が淋しい思いをしないように備えたいところです。

たとえば、夫からの慰謝料、財産分与、養育費を期待している人もいるでしょう。前章でお話しした通り、あまり期待できるような大きな額にはなりそうもありませんが、夫の厚生年金分割については、夫の年齢が達していることももちろんですが、あなた自身が受給年齢に達するまでは、生活費は自分で調達しなければなりません。やはり、仕事口、当座の資金、頼れる人間関係など確保しておかなくてはならないものが山積みということになるでしょう。

よく「離婚したら働きます」という方がいますが、「たら」「れば」ではなく、一日も早く仕事を探すなり、就ける準備をしておいてください。

夫の年齢と状況を考慮する

さて、夫の年齢についてはどうでしょう。夫が若く働き盛りで収入も見込めて、あなたのほうが生活力がないことが明白な場合は、しばしの扶助を受けられる可能性があります。ただ、こういった場合は、あくまでも相手の気持ち次第。話し合いや調停などで決めたとしても、支払われなければそれっきりです。「夫はまだまだ若いんだから、支払わせてやれ！」などと意気込んでも、結果がついてこなくては最後に困るのはあなたなのです。

夫の年齢が熟年だったら、夫もこの後の人生に不安を感じている時期のはず。定年までいられないかもしれない、退職金も把握し切れない、年金には期待できない、さりとて転職する勇気もない……。別れる夫の状況に同情をする必要はありませんが、現実的に夫の経済力を見極めてみれば、たった今、離婚を考えている時点でどうにもならなかった状況が今よりもよい方向に変化することはあまり期待できません。

仮に現在五十五歳だとしたら、あと三十年ものあいだ、どうやって生きていくのかはかなり深刻な問題になってくるのではないでしょうか。そのなかには、年金受給までの時間も含まれていますので、その間は特に精神的にも不安な状況になってしまうでしょう。だからこそ、今の不安な状況での離婚ではなく、見通しがついてから踏み切るほうがよいでしょう。

では、夫の年齢が自分よりもかなり上の場合を考えてみましょう。一緒にいることで、心身の危険があるとか、なにかの損失を被るというのでない限り、離婚はお勧めできません。とにかく、夫の余命は少ないでしょうし、はっきりいえば、保険や預金、不動産、遺族年金が入るのも目前になって、これまで我慢してきた生活を無理に変えても、あまりうまくいかない気がします。

おそらく、夫の年金もともに使って生きている状況でしょうし、「年金分割」などという言葉もあまり関係ないのだとしたら、事を荒立てて、人生の最終章を汚す必要はないのではないかと思います。

いずれにしても、どんな場合でも残りの人生の過ごし方や、生活設計を考えなくてはならないのは同じです。年齢による状況の違いを判断し、その状況の継続性を視野に入れた上で、離婚後の人生の幸せ指数を自分なりに想像してみてください。

妻は仕事を始められるのか

幸せになる覚悟は本物か

前項までにも再三お話ししてきましたが、軽々しく「離婚したら自立するわ！」などと宣言し、仕事に就けて明るい人生が待っているなどと思ったら大間違いです。なかには、強運だったり、いい人脈を持っているなどで、別れてよかったといわんばかりのいい思いをする人もいないとは限りません。

ただ……絶対数を考えたとき、どうしても「意欲さえあればなんとかなる」などといってしまうことはできません。私は、夫婦問題研究家という職業で、離婚に悩む人たちの相談に乗って、その人がよりよい人生を送るために、そして幸せになっていただくためにアドバイスをしてきました。

離婚をするかしないかの決断を含めて、どんな状況の人にでも、前向きに生きることをアドバイスしますし、自分の決めた方向に勇気を持って踏み出せるように、一緒に考えてきました。そのどの場合にも、納得のいかない結果に至った人はいないと自負しています。それでも、お子様や心配するご両親を抱えた離婚については、一層慎重に考えるように心掛けています。

なぜなら、皆に心配をかけまいと離婚に至るまで我慢している時間が長い妻たちは、一日のほとんどを夫への不平不満を考えて過ごしているので、離婚に向かうエネルギーが驚くほど大きいのです。そして、その我慢が自分を追い込み、病気やストレスを引き起こして夫との関係を悪化させるのです。

離婚したいという理由のほとんどが夫の浮気が許せない、夫が働かない、夫が暴力を振るうなどの悩みです。子育てをしながら悩みを抱えて疲れ切っている妻たちは、自分が我慢しているつもりでも、相手には美徳というよい印象に伝わらず逆にストレスとなり、それがかえって夫が家庭を大切に思わなくなる要因となります。もう一度我慢ではなく、この家族がこの状況においてもなんとかよりよい過ごし方ができないものかと、自分の話し方や接し方を変えていくことが大切です。

厚生労働省の調査では「平成二十三年度版働く女性の実情」において、M字型の底である三十五歳~三十九歳の労働力率が上昇しています。このことから、自立の覚悟ができてきたことがうかがえます。また、配偶関係別労働力率の変化においては、十年前と比べて「二十五歳~二十九歳」「三十歳~三十四歳」が最も上昇幅が大きく、専業から仕事を持ち、自立の準備を早くからしようとする意気込みもうかがえます。

自立にはまず下調べを

現代社会に合わせて、仕事に就くためにまずはパソコンなどの技術を身につけようという人も増えているようです。電子メールの送受信くらいできなくては、とうてい事務職には就けないと思ってのことでしょう。うまく身につけることができて、それが活かせれば、とてもラッキーです。ただ今の時代、人材を募集する会社は多いものの、キャリアや経験を優遇する会社が多く、主婦の経験を積みましたでは採用されず、逆に「なにもできなくなっているのでは……」「現代の職場環境についてこられないのでは……」と懸念されてしまうことになりかねません。

そういったことも踏まえて、諦めず一生懸命に努力して面接にいく覚悟を持てば、年齢経験不問の求人情報も多彩です。技能に関係なく探せば、ラベル貼り、ＤＭ発送、チラシ配り、ホールスタッフ、テレホンセンター、宅配便配達、新聞配達、接客、ハウスクリーニング、家政婦、調理補助……いくつかの仕事がインターネットでも検索できますが、いずれの時給も千円を超えるものは少ないようです。ただし、能力や勤務状況に応じて昇給があったり、正社員への昇格という仕事もあります。

私の相談者で、五十歳を過ぎたとき「自分の人生なんだから、このまま終わらせるわけにはいかない」と思い立って離婚を決意した女性の例を見てみましょう。

実例４　天職に出会えて

Ｆ代さんは五十四歳のときに、三十年間連れ添った公務員の夫と離婚しました。

夫は専業主婦として家庭を守ることだけを妻＝Ｆ代さんの仕事と位置づけ、絶対服従、ときには暴力も振るい、仕事に出ることなどもってのほかという考えの人でした。Ｆ代さんはそんな生活に、長年違和感を感じていたのです。「いい奥さん」といわれるように努めた日々にも限界がやってきたのは、子どもも成人して、先の人生を考えるようになった頃でした。

Ｆ代さん夫妻は、東京の郊外に広い一戸建ての家を持ち、夫が定年退職したら、退職金と年金でゆったりと暮らせるはずでした。普通なら、その風景のなかでの人生を選んで当たり前なのですが、Ｆ代さんはちょっと違っていました。

「元気なうちにやり直さなくては！」と思ったのです。それでも、専業主婦で生きてきた三十年間。今から自立するには、かなりの困難がつきまとったことでしょう。それでも、意欲溢れるＦ代さんは、夫に離婚を切り出す前に、生活の基盤を確保する作戦を開始。

夫には告げずにタクシー会社に飛び込んでいったのです。タクシードライバーの仕事は、身一つででき、営業用の二種免許の取得費用も会社が負担してくれるという大きなメリットがあったそうです。

やがて、自立の準備が整ったＦ代さんは、想像だにしない夫に離婚を申し出ました。もちろん、簡単に受け入れられたわけではないのですが、固い決意のＦ代さんは結局離婚。今では、白いワイシャツに黒いベストを着た凛々しいドライバー姿のＦ代さんは「意外と合っていたみたい」と明るい笑顔を見せてくれます。

実は、方向音痴だというＦ代さんは、「やればできる！」ということを身をもって実践した離婚成功者といえます。

Ｆ代さんに限らず、相談を受けている私も「ひょっとしてこの人ならやっていかれるのかも……」と思うことがあります。特に、専業主婦で過ごしてきて、仕事をしたくてもできなかった、あるいは、やらせてもらえなかった妻たちには、「やればできる」「人生経験も豊富なのだし」という自信があるのです。

そして、Ｆ代さんのようになんでもできる人もたくさんいます。人生経験が豊富なのも本当に大きなメリットなのです。

でも、だからといって、思うような内容の思うような収入の仕事に就けるかというと、まったく別の問題なのです。その部分のはき違いだけは、必ず不幸な目に遭いますので、充分に注意してください。

いったん仕事を辞めて家庭に入り、改めて仕事に就ける可能性は、驚くほど低いのです。女性の就職・再就職専門に相談を受けている組織などでは、いろいろな相談に乗ってくれるところもあります。大丈夫だろうという見切り発車で飛び出す前に、まずは状況の正確な把握が大切です。どのくらい仕事があるのか、どのくらい稼げるのか……私は、読者や私のところに来てくれた相談者の人たちが、離婚はできたけれど、辛い仕事しかない、口紅一つ買う余裕がなくなったなどという悲しい状態に陥ることを見るに堪えません。

でも、現実的には、本当にそういう状態になっている人も少なくないことを、再度頭に入れた上で、離婚後の生活を思い描いてください。

離婚によって実生活に困る夫

離婚後の夫はかわいそう

離婚によって経済的な苦境に陥る可能性があるのはあなただと示唆してきましたが、もし、うまくクリアした上で離婚が成立したら、本当に困ってしまうのはたいがいは夫のほうです。

会社に届出を出せば出世の妨げにもなりかねない、なにがどこにあるのかわからない、すべての家庭製品を持っていかれて洗濯をすることもできない、ご飯を炊くことさえできない、といった出来事が次々と勃発するのです。

その結果、ストレスで病気になってしまう人もいるというくらいですから、なかなか深刻な問題なのでしょう。いくら仕事に夢中で家庭を顧みなかった夫でも、きっと家庭を運営してくれていた妻に大いなる感謝をする瞬間なのではないでしょうか。

そして、ひどい場合には鬱状態になってしまうという人もいるくらいですから、かわいそうなものです。いくら離婚した夫とはいえ一度は好きになって暮らしてきた情もあるでしょうから「いい気味だ」とまで思わなくとも、実際にそんなにも困ることがあるとは思いもしなかった浅はかさを、多少嘲ってても罪にはならないでしょう。

離婚後あなたはなにに困る？

逆に、あなた自身も浅はかな判断で人生の選択と決断をして、夫やまわりの人に嘲笑されないように気を引き締めてほしいのです。そのために、かわいそうな夫族の話をしているのです。今では、少なくなっているとは思いますが、夫がいないと高いところの物を下ろすことができない、電球も取り替えられない、一人で映画を観にさえいかれない……そんな人はいませんね？

文句をいうばかりで、夫がいなくては生きていかれないのだったら、そんなあなたには離婚はとうていできないのです。「離婚によって実生活に困る妻」にならないようにしてくださいね。

男と女、夫と妻は、お互いの足りないところを補い合う関係が微笑ましいのです。男らしさ、女らしさを取っ払って、優しい旦那さまや凛々しい奥さまになったっていいのです。よその家庭や社会の常識に捉われて、お互いのいいところを否定したり、見逃したりしないことが大切です。

第4章

修復に向けての準備

修復したあとのお金の扱い

修復した一番の理由

離婚を考えてはみたものの、やはり思いとどまることにすることもよくあることです。私は、できればすべての夫婦にそうあってほしいのですが、ひとまず修復方向の結論を出したあなたを応援したいと思います。

たとえ愛ではなく、お金を優先したとしてもあなたが離婚という考えを捨てたことで、夫婦関係の修復に向かえたということは、本当は幸運なことなのです。なぜなら、あなたが思っているのと同じように夫も別れたいと思っていて、あなたから出た離婚話を「渡りに船」とばかりに受け入れてしまっていたら、あなたが修復したいという結論を出しても、戻るのが難しくなってしまうからです。

ですから、この時点で、修復を目指すことができるのは、夫に離婚の意思がなかった、あるいは非常に少なかった証拠です。それがはっきりわかっただけでも、今までより夫に優しくしてあげてもいいくらいです。

ところで、あなたが夫婦関係を修復したいと思った一番の理由はなんでしょうか？それによって、関係修復後の考え方も変わります。まずは、夫のいいところを見直したあなた。とてもいい結論だったと思います。これからは、文句をいう方向よりも、せっかく見出した長所を見つめて生きていくことになります。夫婦は以心伝心です。相手に不平不満を抱けば、相手も不平不満を抱きます。相手のいいところを好きになれば、相手も自分のいいところを好きになってくれます。

長所の大部分が経済的なことだったら、しばらくは黙ってこれまでの状態を見てみましょう。ただ、夫にまったく離婚の話をしていないうちに思いとどまった場合には、あなたが離婚を考えるに至った原因を夫に、少しずつ小出しにわかりやすく提示して、改善をしてもらうように持っていくのがベストです。

夫婦のこれからを考える

もし、夫と離婚の話し合いをした結果、夫が心を入れ替えるといってくれた場合だったら、意地を張らずに素直にそのことを評価して、もっと話し合いを持ちましょう。おそらく、これまでにお互いの気持ちがわかるような話し合いが少ない夫婦だったのではないかと想像できますから。

夫との話し合い自体は、あまり芳しい結論に至らなかったけれども、あるいは話し合うまでもなく、どう考えても経済的な自立は無理だと判断した場合、修復といってもかなり努力や我慢が続くことは必至です。それでも、一人では生活していかれないという結論を出したのであれば、ついていくしかないのですから、どうせ一緒にいるのならなるべく楽しく、気分よく過ごせる努力をしましょう。

夫との離婚の話し合いが決裂した、それも、離婚条件が嚙み合わなかったために離婚しないことにした場合は、どうしてもわだかまりが残ってしまうでしょう。しばしは、あまり事が荒立つ話に触れないというのも一つの方法です。そして、気持ちのコントロールを。まずはなにも考えず「無」になる。般若心経の色即是空の境地です。

器が大きくなったあなたならできる夫より人間的に一歩進んだ方法です。

　さらに、結婚当初のことや、楽しかった思い出、嬉しかった出来事などいいことばかりを思い出して、夫とともに歩んだ人生が幸せだったことを思い出すのです。そして気持ちが穏やかになったところで、改善したい点を話し合っていきましょう。少しの時間でも、冷却期間があれば、煮詰まりがちだった内容も意外とすんなり進むことがあるでしょう。

　夫と話す前に離婚を断念した場合は、この先の夫婦関係を円満にできるよう、あなたが夫に歩み寄ることから始めるのがいいのではないかと思います。先手必勝です。まずは、夫との会話を増やして、夫の考えていることを理解できるようになること。なぜ、この人は自分が気に入らないことをいうのだろう？　なぜ、ちっとも自分のことを労ってくれないのだろう？　理解できないことがいくつもあったから、離婚という道を考えることになったのですから、心を鎮めて夫を見直してみましょう。

　夫を見直す機会を得たことは、あなたにとって、必ずやいい結果をもたらすと思います。自分のなかだけで、やはり離婚はしないと結論したのでしょうけれど、そのことによって、今までにない、いい関係を続けられる可能性が出てきたのです。

また、夫がどうしても離婚したくないといったことによって、修復の道を選んだ人は、強気で「とどまってあげる」と思ってもいいでしょう。ただ、いい気になり過ぎないようにしなくてはならないのは大事なポイント。つまりは、あなたは夫の気持ちを素直な心で受け取りました、ということです。夫に愛されているとか、夫には自分が必要だという思い上がりが、せっかくよりを戻す方向を得た夫婦関係にひびを入らせてしまうことだってあるのですから。

ただし、あなたは比較的、今までの苦情をぶつけやすい立場。もしかしたら、離婚を申し出たことに対して、夫から改善することの提案などが出されているのかもしれません。そのなかから取捨選択をして、納得のいく提案を取り入れ、この機にあなたの意見をこれまで以上に聞いてもらうようにしていきましょう。

いずれにしても、一度は別の道を歩もうとした夫婦です。修復をするにも、その後のお金の扱いを検討する必要があるでしょう。

今回、あなたは離婚後の生活設計を元に、離婚しても大丈夫なのかどうかを検討してきました。単純に気持ちだけで離婚しても、決して幸せになれないということを痛感してきたはずです。そして、もしかしたら、その原因にそれまでのお金の扱い方がいけなかったと思っている人もいるのではないでしょうか。

もし、自分が一人で生きていくのに必要なお金を持つことができない原因が、経済の流れや管理にあると思えるのなら、その部分は一日も早く改善したほうがいいと思います。また離婚したくなったときに備えるのではなく、そうしておけば少々なにかがあっても大丈夫ということにしておくべきだからです。

実例５　離婚騒動で家庭の経済状態を知る

Ｍさん夫婦がマンションを購入したのは、夫の経営する会社が好景気のときでした。夫婦で協力し合って、独立した会社を盛り立てた結果、自分たちの夢であったマンションを購入することができたのです。

その後、Ｍ夫人が夫の仕事人間ぶりが嫌になって離婚を思い立ったとき、すでに夫は会社の設備にどんどん借金を重ねて、会社を大きく展開していく勝負をかけていました。Ｍ夫人は、自分も夫を支えた時期に購入したマンションを売ってその半分をもらえば、離婚してもまったく問題なく生きていかれると思ったのです。

ところが、現実はそう簡単にはいきませんでした。マンションの名義もローンの名義も、夫一人の名義でした。ローンは毎月、夫個人の銀行口座から引き落とされるのです。M夫人は、月々のローンの金額は知っていたものの、その支払済金額がいくらになっているか完済時期を知らなかったのです。

離婚の申し出をして、家を売って分けてほしいと話しましたが、夫は通帳や権利証を見せてくれず、家は会社の借入金の担保に入っていて売ることはできないといってきました。離婚して家を売っての財産分与なしでは、これまでに近い生活をすることすら無理だったので、M夫人は離婚を断念しました。実は夫は、M夫人をとても愛していて別れたくないと思っていたのです。ですから、家を担保に入れてまで会社経営にすべてをかけていたので、愛する妻には生活費だけでも充分にと渡していたのです。

しかし、この離婚騒動を通して、M夫人は自分が夫婦の経済について、あまりにも夫任せであったことを反省しました。不動産会社との契約も、せめて立ち会うとか、契約書を見せてもらうくらいのことはすべきだったと反省しました（離婚で財産分与する場合には、契約時に立ち会いがあったかどうか、契約者名が夫一人であるということが直接不利になることはありません）。

立ち戻ってみれば、夫の会社の景気がいいといわれれば「そうなのね」と思い、ブランド品を買ってもらったり、友人との旅行に快く出してくれたりしたことで、それを納得し切っていたことに気づきました。夫が仕事人間なのも仕方がないと、表面的な理解をしていたことにも問題があったと反省しました。

そして、夫と久しぶりにじっくり話し、自分も役員に名を連ねている会社の状況、自分たち夫婦のこれからの生活設計などをやっと把握したのです。これまでの人生を振り返って、なんの心配もしないで来られたことの幸せと、ちょうど背中合わせのなにも知らずに生きてきたこと、それなのに夫に不満を持つばかり、夫も不満をいう妻にうんざりするばかりだった夫婦の関係が、話せばわかるという簡単なことさえせずに、あわや壊れかかっていたことに肝を冷やしました。

お金のことをあまり細かくいうと、せっかくの関係修復がうまくいかなくなることもありますが、夫婦の経済のことを知っているということは、ある意味で夫婦の姿そのものを知っているといい替えることもできるので、具体的な財産の把握や、名義、借入金の有無なども含めて、夫婦揃ってしっかりと把握し続けることが大切なのです。

もしも、初めからこの作業が行われていたら、もしかしたら危機に直面しなかったのかもしれないのに……と私は思います。

修復したあとの財産管理

家計の担い手になる

多くの夫婦は、財産管理に妻が参加していない場合が多いようです。単純な、収支でさえほぼノータッチなどという「奥さまたち」もたくさんいるのです。

でも、離婚したらどうなるのかと考えた結果、財産管理や経済状態に無頓着過ぎたということに気づかされたのではないでしょうか。

夫の収入、ともに築いてきた財産、年金や保険の状態、子どもの将来や老後への蓄え、ともすると自分がどうやって暮らしているのかすら、あまり気にしたことがない人もいるかもしれません。人間にとって、命の次に大切ともいわれるお金のことに、生まれて初めて真剣に取り組んだとしたら、あなたは幸せ過ぎ。幸せ惚けかもしれません。

でも、今は違うあなたがここにいるはずです。お金はとても大切であり、夫婦における流れや仕組み、状態を理解していないことが、どれほど大変なことかを理解しています。そうなったからには、これからの夫婦の経済、とりわけ財産管理には、積極的に参加していくべきでしょう。

もちろん、知識やこれまでの経験で、夫にはかなわない場合もあるでしょう。でも、夫にもなるべくしっかり話を聞いて、わからないことがあれば、詳しい専門家に聞いてみてもいいのです。そこで、離婚の危機を乗り越えたHさん夫婦の場合を見てみましょう。

実例6 思わぬ商才を発揮して

夫には思った以上に財産があることを知ったH夫人でしたが、それでも自分が一人で生きていくのは難しそうだという判断で、離婚をとどまりました。それは、夫の資産のほとんどが外貨預金や外国債投資になっていたからです。それまでに知識がなくて理解し切れなかったことと、それらの金融商品を始めたときとの為替差損から、その時点で円換算の時価で清算した場合、自分は実質かなり損な財産分与を受けることがわかったのです。

だからといって、外貨のままでの分与（名義変更）はできませんし（現在）、夫の名義のまま権利だけをもらうという文書を交わしたところで、しっかりと把握できていない不安がつきまとうと判断したのです。

そして、経済的な自立が不可能という理由で、離婚をとどまったのですが、面白かったのはそのあとの展開です。Ｈ夫人は、そのときを機に金融商品の勉強を始めたのです。勉強をし始めると、とても面白くなり、夫を説得して、資産の運用を任せてもらうことにしました。離婚の危機を乗り越えて二年たった今、関係修復した夫婦とは思えないほど楽しく仲良く暮らしているＨさん夫婦。いったいなにがあったのでしょう。

Ｈ夫人は、実は資産運用に天才的な勘があったのです。それは誰も気づいていないことでした。Ｈ夫人のハンドリングで、Ｈさん夫婦の資産はアッという間に倍増。旅行やスポーツを楽しむ余裕ができ、夫婦は楽しい人生に転じたのです。

また、H夫人の最大の不満だったこと＝自分の存在理由がわからないということも、資産運用という夫婦にとって大事な仕事を持ったことで、生き甲斐を感じるようになったのでした。離婚を目指して調べ始めた夫の資産が、思わぬところできっかけを生み、エキサイティングな毎日に変身したのです。

同じように、妻が財産を把握したことで修復後の夫婦関係がうまくいったケースをもう一つ紹介します。

実例7　離婚話のはずが内助の功に

Yさん夫婦は、離婚しようにも夫に想像を絶する借金があったために諦めざるを得ませんでした。普通は、そこで絶望的な気持ちになってしまうのですが、Y夫人は、自分が夫婦の経済に参加していなかったために、大変なことになっていたことを知り、離婚のための夫の財産調べのはずが、夫に離婚の「り」の字も感じさせないまま、財産管理を徹底して、夫＝夫婦の経済状態をも修復させることになりました。

もともとは、夫が家族のためになにもしてくれないという不満から始まった離婚話でしたが、その原因が、実は夫の勤める会社が不景気のために賃金カットに乗り出し、本当に余裕がなくなっていたということがわかりました。

それでも、世間体を保ち、ローンの返済も守ろうとしたために借金を重ねてしまっていたのです。Ｙ夫人はまず、若い頃から続けていた趣味の華道の教室を始めました。華道教室を開くことは、Ｙ夫人のたっての希望でした。でも夫のプライドが高く、専業主婦を強いられていたためにできなかったことです。

Ｙ夫人は、自分の収入でしっかりと借金の返済を続けています。返済がない分、カットされた夫の給料でも生活に困ることはなくなり、Ｙ夫人は将来的にも教室を続けることで、生き甲斐とともに、老後には夫に専業主夫になってもらいながら、夫婦で助け合って生きていこうという計画を立てました。

いずれも、離婚を目指して始めたはずの資産管理が、夫任せの状態をやめたことで好転したケースです。こういう運びになれば、誰もが万々歳ですが、ここまでのことはなくとも、夫婦なのですから、老後を見越して、二人の資産は二人で管理するのが当たり前だという意識に変えていったほうが、心のつながりも強くなるのではないでしょうか。

せっかく修復すると決めた夫婦です。これまでの長い歴史を否定することなどないように、有終の美といえるような老後にしていきたいものです。

修復したあとの経済設計

夫婦の再構築

日本の男性にありがちなのは、妻に対する専業主婦願望です。男は外で働き、女は家庭を守る。もちろんこの時代、共働きとか妻にパートに出てもらうとかに、理解を示してくれる男性が増えているのも事実です。

でも、現実にはそんなことを語っている場合ではなく、円満にお互いが心豊かに生きていくための人生設計の一つに、それまで夫任せだった経済設計、そして夫婦の協力態勢というものを見直していかなくてはなりません。

たとえば、前項でお話しした二組の夫婦のように、夫が妻に任せる気になった途端に好転することもあります。それはそれで、素晴らしいことですが、どんな夫婦にも当てはまるとは限りません。

ただ、少なくとも、関係を修復することにした夫婦が、今後も仲良く暮らすためには、なにかわからなかったり、不満に思ったりしたことはどんなことでも話し合い、分かち合うことが重要になってきます。第一には、夫婦がこれから目指すものはなにかという話し合い。どういうつもりで、どんな生き方をしたいのかということです。こんな話は、とことん話していきたいものですし、話すことでお互いを知ることがたくさんあります。

夫に、仕事と家庭とのかかわりに対する考え方を再度見直してもらい、それまでの仕事一辺倒から生活を楽しむものに変えていくとか、まだまだ仕事の実力を伸ばしたいとか大きく展開したいとか。また、それを傍らで生きる妻はどう捉え、自分はどう生きたいのかを知って夫婦を再構築していくのです。

〝お互いの納得〟を念頭に

これまでのクセや習慣がどうであれ、この先の夫婦関係を再構築していくのは当事者同士です。夫にも妻を理解してもらわなくてはなりません。それまでに普通に会話をすることから始めるのは、とても時間がかかることですが、時間をかけて作ってしまった人間関係の結果ですから、ある程度の時間は覚悟して、じっくりと取り組んでいきましょう。

夫婦の将来のビジョンが見えてきたら、それに向けての経済設計は、思ったほど困難ではないと思います。なにがしたいからいくらくらいが必要だとか、そうするためにはこうしておかなくてはならないとか、具体的なすべきことが浮かんでくるはずです。

そのために、夫の仕事に対する理解を深めて、より快適な仕事環境を作る努力をする場合もあると思います。それでも、漠然と「妻だから」と協力するのに比べて、目標を定めた協力は快くできるでしょう。

また、妻がやりたいことを制約されていた場合も、それが趣味であれ仕事であれ、家事、育児のストレスの発散やら気持ちの切り替えなのだとすれば、夫も理解しやすいものです。もちろん、そのなかには、これまでにやってこられなかったからという後悔や取りこぼしの解消も含まれてもいいのです。

そこに収入があることが含まれ、豊かな生活を目指す上で夫も協力するという気持ちになれば、お互いが気持ちよく過ごすことができるでしょう。

　納得した上での協力の場合、「我慢」という一言が含まれないのです。離婚を考える夫婦の場合、特に妻にとっては、この「我慢」が大きなくせ者だったのです。でも、そのくせ者を排除した状態においては、もともと夫婦になることを決めた二人ですから、人も羨む関係への修復、そして、同じ目標を持って前進していく素敵な夫婦になっていかれるのです。その状況での経済設計なら、本当に気持ちよく、新婚夫婦のように楽しく語り合って、明るい毎日が過ごせるようになるでしょう。

　もちろん、あなたの考えが前向きであることが前提です。夫婦となってからさぞやいろいろなことがあったことでしょう。いいことも悪いことも含め、すべてがあなたの人生の消すことができない深い経験です。

　そのことを前向きに捉えて、さらにこれからの人生に取り込んでいくことができる女性こそが、夫と同じ目標を持って、さらに経験を積むことになるのです。

　日常の忙しさや茶飯事に追われ、慣れてしまった夫婦生活において、あえて新婚気分を思い出してみるのも、自分の素直さ、初々しさに触れられて懐かしい気分になれるものです。

第5章

離婚に向けての準備

夫の資産を徹底調査

疑問点はすべて洗い出す

第2章においても、夫の資産を把握して、自分が離婚したときにどうなるかを検証しました。そして、そのあとに続く自分が離婚しても大丈夫かどうかということを熟慮した上で、いざ、離婚をしよう！　と決意したあなたは、改めて夫の資産を徹底調査しておきましょう。

前段階では、大雑把なつかみでもＯＫですが、本当にそれが、自分の今後の生活にかかわってくるとなったら、事態は深刻なのです。夫が「これですべて」と出してくれているものを鵜呑みに信じているだけでは不安です。

夫のいっていることを信じるだけなら、これまでのあなたの人生となんら変わりはありません。そうやって、ひたすらついてきた結果が、離婚を考えるところまで至ったのだということを再認識しなくてはなりません。

今度は、口座がある銀行については、残高証明を取ることからしっかり始めます。手始めに、わかっている口座から自分で動き始めますが、あとはやっぱり調査会社。思いもよらない預金が出てきたという人も少なくないのが事実です。いきなり調査会社に頼むのが不安な方は、弁護士に相談して紹介してもらうのもいいでしょう。

その際の対象は、証券会社にも広げます。今は、低い金利の銀行を避けて、少しでも高利回りで、比較的安全な金融商品を扱っている証券会社が身近になっています。インターネット取引などもありますから、手軽に金融商品の取引をしている可能性もあります。

チャレンジ精神旺盛な夫なら、多少リスクが高くても、外貨建ての商品や株式連動商品などにも手を出しているかもしれません。その場合には、現状で損失が出ていないかどうかは要チェック。あとで、その商品について追及したときに、損をしているといい張ってくるかもしれませんので、運用実績まで知っておきたいところです。

そして、不動産なら登記簿を確認します。名義ももちろんですが、抵当権がついていないか、あなた自身がなにかの保証人になっていないか、まかり間違って、権利者に第三者が入っていたら事態は厄介です。ただ、すでにそうなっているものを、簡単になんとかするというわけにはいきませんので、そういう状況が発覚したら不動産、法律に詳しい専門家への相談が必要です。

借金もすべて洗い出す

ローンを含めた借金のチェックも大事なことです。不動産や自動車などの大きなローンについては、家族が知らないことは少ないのですが、その細かい内容となると意外と無頓着だったりするものです。残りの金額、完済までの年数、保証人を始め、相場の売却金額、売った際の不動産手数料、もし財産分与で自分の名義に変えるときの司法書士への支払額、かかる税金までも再度見直しておきましょう。夫が毎月一定額を誰かに振り込んでいるのは、仕事場でも借りて副業でもしているのかと思っていたのに、実は夫が女性を囲っていたらどうしますか？　ありえないことなんてなにもないのです。驚くようなことが起きるのが世の中。あとになって「まさか、そこまでは……」などといって泣きついてくる人もいますから、そうなる前にしっかりチェックしましょう！

消費者金融を含めたその他の借金も洗い直しをします。借金問題が、離婚原因になる夫婦の場合は、妻のほうもかなり神経質になるのですが、「夫は真面目な人なので」などといっている妻に限って、夫が作った訳のわからない借金が元で、膨らんだ利子に驚かされたりするものです。

いずれにしても、なにもなければ、そのときにホッとすればいいのであって、調べもしないうちに安心し切っているようでは、あなたの離婚後の人生は不安だらけです。信じている、信じたいというあなたの気持ちはよくわかりますが、この際、夫婦の情などかなぐり捨てて、クールにポーカーフェイスで調査を続けましょう。目を吊り上げてなにかあら探しをしてやろうという考えでいると、夫に悟られてしまい、上手に隠されてしまうかもしれません。

夫の財産を管理する

財産分与拒否をされないために

夫の財産の全貌がわかったら、それらを勝手に動かされないように監視しなくてはなりません。もしも、調査段階のままだったら、あなたへの財産分与が充分に可能な夫でも、離婚の話し合いのあいだに、とぼけて処分されたりしたらアウトです。

裁判などで、とことん時間やお金をかけて闘うのであれば、慌てて処分されても追及が可能ですが、離婚をすると決め、これからの人生を好転させようとしているときに、そんな争いをする時間がもったいない。なにもさせなければ、もめることもないのですから、しっかり見張ることが大切になるのです。

もちろん、そのためには、調査した結果を財産一覧として夫に突きつけるという段階が必要です。「あなたの財産は、これとこれとこれ。間違いありませんね？」と、検事気取りで確認を要求してもいいのではないでしょうか。その上で、自分の離婚への考えや先の生活のことを伝えて、あなたが調べた財産の重要性を理解してもらいましょう。

この段階で、当事者同士の話ができなくなる場合もあると思いますが、夫に話し合う気がないとか、調査結果をしらばくれて突っぱねるようなら、弁護士に相談にいき対処を考えるとか、カウンセラーにその憤りを和らげてもらったほうがいいでしょう。

長年妻が財産に介入しないクセがついている夫婦の場合、妻が財産を知ること自体、夫はとても不快に感じるようです。

実例8　財産の把握がスムーズな離婚に

Ｋ子さんは、生活費を受け取ってやりくりをするだけで、夫の財産を知ろうとさえ思ったことがありませんでした。「あるんじゃないかと思います」というのがＫ子さんの口癖。その上「おかげで今まではお金の心配をしたことがないのですから」という呑気さ。それでも、家も賃貸だったので、このままでは将来なにも残らない焦りを感じたそうです。

結婚生活が長くなってくると、夫から妻として、あるいは女性として、大切にしてもらうことはなく、ときには家事と育児の協力も感謝もないと思うようになりました。「私は家政婦じゃない」Ｋ子さんが初めて夫に感じた不満でした。

そう気づいてから半年あまり、Ｋ子さんはそれまでの結婚生活を振り返り続けました。そして、納得がいかなかったことを書き連ねてみたのです。誰もが羨む大恋愛の末の結婚。結婚当初には、なんの不満も思い当たらなかったものの、翌年に子どもが生まれてからあとのことは、当時は「家庭を任されている」という充実感として捉えていたことも、自分の存在を否定したような失礼なことばかりだったと思えてきました。

子どもが小学生になってからは、習い事などにもお金がかかるので、パートを始めたいといっても「女は家庭を守るものだ」と拒否され、その分、俺が一生懸命働いているんだとばかりに、帰宅時間が遅くなり、会話のない日々が続いていました。

「口を出すな」「黙ってろ」「おまえになどなにもわからない」などは日常茶飯事のように投げかけられた言葉。頼りになると思うには、あまりにも切ない思いをし続けていたのです。家族旅行なども、都合も聞いてもらえずに勝手に決めてきては連れていかれる。それでも、子どもについての相談には乗ってくれない。

あれもそう、これもそう……K子さんは、これまで不満と感じなかった自分に腹が立ちました。そこで浮かんだ「離婚」の二文字。その時点で相談に訪れ、私のアドバイスで、夫の財産を調べたのです。そして、まずは夫に離婚をしたい旨を伝えました。

夫にとっては青天の霹靂でした。慌てふためいて「別れないでくれ」と叫んだそうです。さらに「世間体も悪い」「会社にも居づらくなる」とつけ加えたのです。もしも、そこで「愛しているから別れたくないんだ」とか「おまえが必要だ」とでもいっていれば、K子さんの気持ちは違ったものになったでしょう。

でも、実際には、夫はK子さんが思った以上に妻の存在を大切に思わない男性だったのです。これには、K子さんも離婚の決意を固めるしかありませんでした。そして、調べた財産や預金からすると、すでに離婚後にもらえるお金がわかっていたK子さんは、調査結果を見せて、離婚の具体的な話をしたいと申し出たのです。

それを聞いた夫は「おまえがそんなに計算高い女だとは思わなかった！　そんな女房ならもういらない。離婚だ」といい出しました。徹底的な調査が功を奏し、妻にとっては不本意な理由での離婚拒否から、一転して離婚の話し合いをするという運びになりました。その後、約十ヶ月の別居期間を経て、K子さんの離婚は成立しました。今は、計画通りにお金を手に入れ、パートで働きながら正社員で雇用してくれるところを探しています。

そもそも夫は、妻がお金のことを口に出すことを嫌う傾向があります。「妻が余計な口出しをして、俺を信頼していない」と疑心暗鬼になっているのです。

K子さんの例は、徹底調査のあとに、きっちり管理をする間もなく、夫が諦めたという幸運な例かもしれません。でもそれは、夫の財産を調べたことや、その後も管理する覚悟をしながら、自分の人生の計画をしっかりと立てたK子さんにこそ訪れた結果といえます。

離婚後の生活費の確保

財産の清算も視野に

人間が生きていく基本は、労働による収入です。一番間違いがないのは、仕事を持って収入を得て、それで生計を立てることなのですが、いかにせん、世の中は思った以上に不公平で、結婚後家庭に入った女性にとって、再就職や新規に就職をするというのは、かなり厳しいのが現実です。もちろん、それに向けて前向きに活動するのは、精神的にも張りがあっていいので、引き止めたりはしません。

ただ、うまくいかなかったときのダメージを考えると、ほかの生活費確保の方法も考えることをお勧めしたいのです。ここまでのあいだに、どうやって生活していくかについて思いを巡らせていたとは思いますが、再度チェックしてみましょう。

二十代の離婚と大きく違うのは、夫婦で共有の財産がある程度増えている可能性が高いというところです。その清算という作業によって、生活費を確保する、あるいは生活費の助けになると期待できます。

婚姻中に夫婦の合意によって共同で購入した財産は、夫婦共有の財産です。先に夫の財産を調べたときに、あくまでも夫のものだという意識があったかもしれません。でも、それは違うのです。生活に必要な家財道具から始まり、土地・建物などの不動産、自動車、預貯金、有価証券……たとえ名義が夫になっていたとしても、あくまでも共有財産です。つまりあなたも権利を有するということですから、ものによって分け方には違いがあって当然ですが、あなたの権利を主張することができるのです。

たとえ現金で受け取れなくても、現金化が可能なものもあるでしょう。あるいは、それによって新しく購入しなくてすむものもたくさん出てくるでしょう。

財産分与の話し合いをしないうちに早まって離婚してしまった人や、とにかく離婚したいために話し合っていなかった人でも、財産分与は、時効を二年として請求できます。法律に関することは、ぜひとも弁護士に早めに相談して知識武装をしてください。

負の財産といわれる借金は、夫が勝手に作ったものに関しては、債務を負う義務はありません。しかしあなたが保証人になっている場合には、責任が継続しますし、借金の目的が家賃や生活費などの家事に使ったものだったことがわかった場合は、あなたが知らなかった借金でも、連帯して返済の義務が続きます。夫の財産や借金を調べるときに、そのあたりが曖昧にならないようにしっかりとチェックしておくことで、後づけで言い訳をされることを回避できるかもしれません。

夫の退職金を財産分与の計算に入れることはすでにお話しした通りですが、ひとまず、財産分与での生活費確保が一番強力といえるでしょう。

年金分割も視野に

そして、熟年まで我慢した妻は年金分割にも多少の期待ができます（詳しいことは七十三頁参照）。厚生年金は、現状では生きていかれるくらいの金額になっています。夫の受け取り分の一部を受け取ることができれば、生活の足しになるでしょう。

ですから、話し合いができる状況があれば、受け取りを主張するのが妥当です。二〇〇七年に法律が改正されたので、調停を起こしてでも、はっきりもらえる金額を主張するべきでしょう。法律が味方してくれる限り諦めは禁物。「ビター文くれてやるもんか！」という状態であったら、難航してしまうでしょうけれど、時給千円を稼ぐのが大変だということを考えれば、苦労してでも交渉したほうがいいのではないでしょうか。

また、慰謝料を視野に入れることをお勧めします。離婚の多くは、浮気や暴力、借金など精神的苦痛を伴うことが原因なので、慰謝料請求に該当するようなことも多々あります。なにも感じていないのに無理に相手を悪者にするのが気が引けるというのであれば、これ以上考えたり請求したりする必要はありません。あるいは、そこまでしなくても困りそうもない人も同じことです。

でも、冷静に考えて夫に対する不平不満、その内容を見直してみてそのことを伝えているあいだに時間が経過し、その間の婚姻費用を長くもらって数十万円を手にした人もいます。

実例9 不満も立派な慰謝料の対象に

三十三歳で結婚したT美さんは、長年にわたり夫に無視同様の扱いを受けました。

その原因は、わからないままでしたが、子どもがいなく共働きのＴ美さん夫妻は、結婚五年目頃から、夫婦の会話が極端に少なくなりました。もちろんセックスレスです。

Ｔ美さんは、もともと口数の多い女性ではありませんでしたが、お互いが帰宅してから、一緒にテレビを観たり、その日の出来事を語り合う時間は楽しみだったといいます。口をきかなくなった夫ではありましたが、Ｔ美さんはなるべく話しかけるように努めてきました。それでも「ああ」「そう」くらいしか返事をしなくなった夫は、離婚を決意する頃には、相槌さえ打たなくなったのです。

これでは離婚の話し合いもできないので、Ｔ美さんは共通の友人に仲介を頼んで、離婚の話を進めました。自分が署名をして押印した離婚届もその友人に託しました。自宅マンションは賃貸で、二人で同額ずつ家賃を出し合っていましたし、それぞれが所有する自動車もそれぞれが購入したものでした。

従って、Ｔ美さん夫妻の離婚は、あまりお金にかかわる深刻さがないように見えました。離婚を決意したのはＴ美さんが四十七歳のとき。夫は二歳年上ですが、個人事業主だったので収入などは抑えて申告していました。Ｔ美さんから離婚を申し出たときに、夫は浮気もしていないし、暴力も振るっていないから離婚する理由も見当たらない。収入も低いから、払うお金もないといってきたのです。

離婚後の生活ができるかを考えたときに、T美さんは自ずと不安に陥りました。そのとき、友人の紹介で相談した弁護士に、夫の長年の態度は一種のＤＶだといわれたのです。

ＤＶというと、殴る、蹴るなどの肉体的な暴力や、罵詈雑言を浴びせる言葉の暴力、生活費を渡さないなどの経済的な暴力、嫌がる性行為を強要する性的暴力などがよく知られており、絶対数も多いのですが、T美さんの夫のように無視するというのも歴然とした精神的な暴力なのです。

そのことを知ったT美さんは、十年近くにわたった会話の不成立を、夫のＤＶとして慰謝料請求をしたのです。夫は、当初まったく受け入れませんでしたが、会話をしていなかったことは、お互いの話を聞けば明らかなことから、離婚の条件として慰謝料を支払うことを決めたのです。

夫にしてみれば、高額ではなかったでしょうし、T美さんにとってもわずかなものではありましたが、少しでも助かったと捉えています。T美さんは、自身に収入や目先の仕事があったので、大きなことではなかったように感じますが、これが専業主婦で、仕事に就く見込みがない人だったら、きっと大違いになったことでしょう。

取れるものは取れ！　そんな乱暴な理屈ではありません。自分が生きてきた状況を振り返ったとき、相手に非があると思えることは、この際きっぱりと相手に知らしめて、自分の存在意義を肯定すべきだということです。そして、それに慰謝料が発生した場合には、どんなにか物や心にわたる納得の度合いが上がることは間違いありません。

離婚後の当座の生活費。これはどうしても必要なものです。その確保に必死になることは、恥ずかしいことでもがめついことでもありません。どうにもならなくなる前に、準備を整えましょう。

年齢、定年との関係

定年まで待つ？　待たない？

　熟年に差しかかった夫を持つ場合、定年を迎える年齢までの時間を考えに入れることを忘れないでください。その内容としては、夫の退職金を予測して使われないように保全する、定年までの生活の目処を立てたり精神的不安に打ち勝つ努力とかなど、人それぞれに考えるべきことがあるでしょう。

　どういう内容であれ、夫の定年までの時間も、有職の妻の定年までの時間も離婚のタイミングと切り離すことはできません。離婚は生活、人生のすべてにかかわることですから当然のことなのですが、別れたい気持ちが強い人ほど見落とすポイントだといえるでしょう。

余命はどう考慮する？

また、悲しいかな人間には寿命というものがあります。つまり余命を考えることも大切なことになってくるのです。

たとえば、ここに五十五歳で離婚する女性がいるとします。この女性が、夫の財産分与など離婚時に夫から受け取る金額が五千万円。彼女は、持病があるので自分はせいぜい七十歳までしか生きられないと決め込んでいたので、思った以上に楽な生活ができそうだと感じました。

彼女の計算はこんなふうです。

住まいの家賃に十万円かかるけれど、一人で静かに暮らすには、食費や光熱費は五万円もあればいい。娯楽や急な出費を考えても、二十万円あれば、楽に暮らしていかれそうだ。そうすれば、年間二百四十万円。そして、余命が十五年だったら……なるほど五千万円でお釣りがきます。

生活費の計算は、そこそこいいとしても、余命の計算は危険過ぎます。いくら病弱だったとしても、それなりに病院にもかかるのでしょうし、いい薬も続々と出てきている世の中で、もしも九十歳まで、さらに二十年生きることになったら、彼女はどうするつもりなのでしょう。

そう思うと、まとめて受け取ったものを切り崩して暮らそうとする人の余命の計算は複雑です。どんな数字も仮定しなくては答えは出ないのですが、やたらと大きい設定やあまりにも小さい設定は誤算になりやすいと思います。

考えた本人は、なにかに突き当たったときに「想定外だ！」と叫びたい気持ちになるのでしょうけれど、先ほどの例のように人のことだと思うと、その仮説の甘さが理解できるでしょう。人のことは理解できる人でも、自分のことになると意外とありえないことを思い浮かべたりするものなのです。

まずは、かなり高い精度で設定できる定年退職の年齢を把握し、それまでに離婚を実行するのかしないのか、するならばどのタイミングなのか、定年退職を待つのであれば、それまでどのように過ごすのか、そして、その後はどうやって生きていくのかなど、精神的な負担と経済的な損得を掛け合わせて、じっくり考えてください。

年金獲得を目指すのなら逆算を

年金分割は内助の功の証

本書のなかで触れた年金分割のことですが、やはり会社員の妻にとっては、法的に処理できるのかできないのかは深刻な部分かもしれません。

ただし、真剣に考えるのであればあるほど、時間的な計画性が求められます。二〇〇七年の法改正によって、離婚時に厚生年金分割の請求ができるようになりました。

しかし、夫のほうは、できれば分割したくないと思う可能性が高いのですから、離婚を引き延ばして分割しないという作戦に出たり、妻の内助の功を認めず、分割割合を下げようとする夫を見て、今まで以上に夫に対して腹立たしさを覚えることもあるでしょう。だからこそ頑張って立ち向かわないと、今まで我慢してきた時間と労力の惜しさ、悔しさを払拭できなくなってしまいます。

夫から離婚を切り出されることも

ところが、夫のほうは「どうせ離婚するなら余分なお金を取られたくない」という立場ですから、逆算合戦です。どちらの逆算も同じときがゴールですから、この闘いは厳しいものかもしれません。

社会保険庁に行けば、離婚時の年金分割のための資料を請求できます。これは具体的にいうと、年金分割について、各地域にある社会保険事務所で資料を開示してもらうことができるということです。ただし、相当時間がかかると聞いていますので、たっぷりと待ち時間を考慮に入れて出かけてください。そして、離婚していない、いつ離婚するかわからない状態では教えてくれないこともあるので、はっきりいついつ離婚を決めていると予想であっても構わないので日付を伝えてみることです。

綿密な計画を立てる

離婚理由をまとめてみる

さて、離婚を思い立つと、あれこれとそれまでに目にもとまらなかった夫の嫌なところが見えてきたりします。そして、一日も早く別れたいと思ってしまいがちです。でも、急いては事をし損じる。本当に自分のためになる離婚をしたいのなら、また、お互いが納得した離婚をしたいのなら、綿密に計画を立てるのがベターです。

離婚に向けて計画を立てると聞くと、悪知恵を働かせるようで聞こえがよくない気がします。でも、そんなきれい事をいっていては、今の情報社会では無惨な結末に至ってしまいます。冷たいと感じるくらいに綿密な計画を立てましょう。

まずは、離婚を思い立った理由をまとめましょう。これは、離婚を申し出たときの夫の反撃や嘘の謝罪に対抗するのにも重要な要素になりますので、ほかのことをしながらでも、必ずしておくべき準備の一つです。感情が先に立ち訳のわからない言い分は、自分が不利になるだけですし、冷静さを欠いた話の運びや怒りのぶっつけは、すぐに収まるだろうと思われてしまいます。

そして、気持ちの整理をすることは、自分の決意を揺るぎないものにしますので、必ずやっておきたいことです。

自分の精神面を固めつつ、しっかりした計画を立てるために、今まで用意したあらゆる資料や情報が大活躍します。具体的なことは個々の状況で変わりますので、わかりやすい実例を見ていただきましょう。

実例10 離婚までのシナリオ

夫…五十七歳会社員／妻…五十歳専業主婦／子…二十三歳女既婚、二十歳男未婚
夫婦の財産…自宅マンション（時価五千五百万円）、国産高級車（時価二百万円）、預貯金・証券など（時価千二百万円）、夫の退職金（六十歳＝三千五百万円）
夫の財産…父親から相続した実家の土地（妹夫婦が上物を建てて母親と同居）

妻の財産…結婚前に預けて手をつけていなかったわずかな預金

妻は五十歳を迎え、離婚を考え始めた。夫の三年後の定年を待って離婚しようと計画。

さっそく夫の財産を調べたところ、思った以上に余裕があったので、あとは時期を待つだけと判断する。その間、夫に気づかれないようにへそくりを始める。夫の収入は、約二千万円で、それまで節約を考えたことなどない妻は、節約すれば月額二十万円の貯金ができることを算出し、こつこつと始めた。貯蓄決行から一年間は毎月二十万円ずつ、二百四十万円の蓄えができ、自分一人が住むところを借りたり、引っ越し代金を出しても大丈夫な金額になったので、別居を視野に入れて住むところを探し始めることに決める。

同時期に社会保険庁で、離婚時の年金分割の目処を調べる。受給権を得られた場合、助けになるかどうかを見極める。夫の合意があれば、家賃くらいにはなると見込み、家賃の金額も設定する。

夫の定年まであと一年を切ったところで、娘に離婚の意思を伝える。夫のなかに離婚の意思があるかどうかの打診を依頼する（意思がない場合、退職金の差し押さえを弁護士に依頼することも考慮に入れる）。

随時夫の財産に動きがないかどうかを見張る。夫の財産のうち、株式や債券、投資信託のような取引が簡単に行えるものについて監視が必要。取引の明細書をチェックする。

念のため、夫の身辺調査をかける（通っている銀行などが見つかったり、不貞行為などが発覚した場合に、慰謝料の対象が増える）。

自分のものの整理を始める。準備が整ってきたので、息子にも離婚の意思を伝える。親元に住んでいるので、離婚後にどうしたいかを考えておくように話す。

家を売った場合、夫が実家に戻れるかどうかを探りを入れる。家を出て夫に離婚を切り出すまでは、夫の嫌なところは、なるべくやらせ放題やらせておく。

別居のための住まいを見つけ、離婚を切り出すと同時に引っ越す。離婚の話し合いを始め、なるべく早く結論を出せるように努力する。それでも最終的には、弁護士を入れて調停で離婚が成立するまで一年以上かかる。

最終的に離婚がいつになるかは、相手のあることなので計画はできません。でもせめて、自分のなかでの計画は、着実に、正確にこなしていきたいものです。綿密な計画が整っていれば、離婚への意思そのものや、相手に対する説得力も強くなります。

必要な手続きと準備

理由説明を明確に

離婚に向けて、必要な手続きや準備はいろいろあります。まずは、離婚原因に合わせて、証拠や状況を説明できるものを揃えることがあります。夫に、なぜ自分が離婚したいのかということを伝えるのにも、整理された内容が必要ですし、もし、仲介者や代理人を立てるとなったり、調停を申し立てることになった場合にも、必要になってきます。

熟年離婚の場合「積年の恨み」とでもいうべき、細かいことの積み重ね、それも長い年月が鍾乳洞のように固まり、育ってきた結果、離婚したいという気持ちに至ることが多いので、物理的な証拠を示すのが難しいこともあります。

細かいことの積み重ねであっても、相手を目の前にして冷静さを失う前に、一つ一つ書きとめておくといいでしょう。「ひとつ、仕事ばかりで休日も家にいなかった。ひとつ、家での出来事を聞いてくれなかった。ひとつ、子どもの学校行事に参加しなかった……」などと呟きながらメモしているうちに、恨み辛みが頂点に達したと話してくれた女性もいましたが、気持ちを盛り上げる目的ではないながらも、自分がどんなにひどい目に遭ったかと思い直すのもここでは必要になってきます。流れとしては、陳述書の書き方（百七十八頁）と同じように時間の順を追って、そのときどきに起きた出来事を思い出しながら整理するといいでしょう。

できるだけ証拠を揃える

そのほかには、不貞行為があった夫の場合には、写真、手紙、メール、目撃者の証言などの証拠に合わせて、わかりやすく整理し、もし、探偵などをつけた場合には、その報告書も忘れずに揃えておきます。

暴力、飲酒による暴力も含めて、怪我をしたときには医師の診断書、怪我の写真、目撃証言、暴力の内容を書いた書面を用意しておきます。

一般に「悪意の遺棄」といわれる「夫婦は同居し、お互いに協力、扶助し合わなければならない」と民法で定められた夫婦の義務を損なっている場合は、その状況の説明と、証拠になるものを揃えます。

なかでも、扶養義務を損なっている夫の場合、もし仕事に就いていないのであれば、その期間を記しておきます。また、借金や浪費が激しい夫の場合は、借金の内容のわかる書類、浪費の際の請求書及び領収証、状況を説明する文書を用意しておきましょう。

そのほか、どんな理由についても内容がわかる状況説明や証拠はきちんと揃えておくことが重要です。説明がいい加減だと、夫だけと話すにしてもそうですが、さらに第三者が介入するときは特に話が伝わりにくく、説得力がありません。

また、離婚届に署名・捺印をしてもらう成人二名の証人も手配しておくといいでしょう。

調停、裁判の上手な乗り切り方

いよいよ調停となってしまったら

現実的には、離婚の九割ほどが協議で成立しています。ですから、代理人を立てた場合を含めても、意外と話し合いというものは成立するともいえるのでしょう。

しかし、決裂したときに、多少長期戦になっても、意思を主張することが必要な場合もあります。そんなときには、やはり調停を申し立てるのが妥当といえるでしょう。

日本の裁判制度では、「調停前置主義」があるので、一刻も早く離婚したいので裁判を、と思っても、離婚の裁判を起こす前にまず調停での話し合いを経なければならないという決まりがあります。

調停とは、公の機関、具体的には家庭裁判所の調停委員男女二人が、双方のあいだに入って、当事者の互譲を導き、話し合いで離婚紛争を円満に和解させようとするものです。

ですから、そんなに大袈裟に捉えることもないのですが、自らが依頼した代理人や知人が仲裁に入るのと違って、それまではまったく関係のなかった第三者が介入するわけですから、それなりの注意点もあります。

調停、裁判の注意点

調停や裁判になったときに、自分は悪くないからといって堂々とし過ぎていると、不利になってしまうことがあります。媚びたり芝居をするまでの必要はないのですが、同じことを聞いてもらうにも、上手に説明して自分にとって有利に理解してもらうようテクニックを身につけておいたほうがいいと思います。

調停、裁判といっても、人間が司ることです。調停委員や裁判官の心証を害するようなことがあれば当然、話を信じてもらえないといった不利な状況に追い込まれることもあるのです。離婚を決意するまでの道筋に、一つも非がないと思っているのに、自分の正当な申し出が聞き入れてもらえない結果になったら、とても悔しくてやるせない思いをします。

女性が犯す失敗で多いのは、自分なりのセンスできちんとした服装で出頭しようとする気持ちが、裁判所サイドの人に派手だとか、経済的に豊かであるという印象を植えつけてしまうことです。汚らしい格好はもちろんＮＧですが、清楚で地味目の服装が妥当です。

自分の話したい内容が明確に伝わることは大切ですが、テレビドラマの女性弁護士みたいに、あまりキリリとしているのもかわいげがありません。まして、自信に満ちたほほえみが伴ったりしては、反感を買う恐れさえあるのです。

苦労した話は、苦労しているときの気持ちになって、悲しくなったら泣いたっていいのです。いい大人が嘘泣きとバレバレの演技をするのは見苦しいですが、思わず涙が出るのを無理に抑えることはありません。

調停の場で、うまく話ができない人や、内容が込み入っていて説明が難しい、なんとしても正確に理解してもらいたいと思うのであれば、これまでの経緯としてわかりやすく陳述書を作成するといいでしょう。

陳述書には、時系列が理解しやすく、そのときどきの状況がよくわかる簡潔な説明が求められます。出来事を年月日まで記載するのが望ましいです。一般的な内容はだいたいこんな感じです。

まずは、①出会いから結婚に至るまでの流れを示します。次に、②結婚と入籍の状況と合わせて、費用がかかった場合にはその出どころと内訳も書いたほうがいいでしょう。

子どもがいる場合には、③出生年月日や必要であれば子どもについての説明も加えます。また、④現在の状況を書きます。熟年で子どもが成人している場合は、同居しているか、生計を別にしているかなど、養育や扶養に関する内容の有無を示す必要もあります。

そして、⑤双方の仕事についても必須項目となります。それに伴い、⑥収入と財産、さらには⑦生活状況を正確に記します。

各自の背景ともいうべきそれらの内容を踏まえた上で、⑧夫婦の関係が破綻に至った経緯を説明し、現時点で自分が問題視している点も明記します。

さらに、⑨たった今はどのように暮らしているかという現状と今後の要望を書いていきます。今後というのは、離婚後ということのみならず、離婚までの生活に困っているのなら、婚姻費用の分担の請求などもこのなかに含めたほうがいいでしょう。

離婚するまでの生活に、妻が困窮することのないように、調停では早い段階で婚姻費用分担金についてもきちんと取り決めをしてもらうことをお勧めします。相手が支払いたくない場合は、決定してもらえるまでに半年以上の時間がかかることが多いので、早めに申し立てておくといいでしょう。

当面の生活費の確保をしておかないと、夫からの理不尽な不払いに煽られて、焦って少ない額の婚姻費用分担金で了解してしまうことになりますので、先を読みながら、夫の作為に振り回されないようにしてください。


なんといっても、常に誠実で真面目な態度で臨むことが第一条件です。そして、話し合いのなかに入ってくれる第三者である、調停委員や裁判官に敬意を払いつつ話を進めていくといいでしょう。上手な乗り切り方として、手ほどきをしましたが、これは決して小手先であしらうという意味ではありません。真実が伝わらないようなやり方をしてほしくないという気持ちです。第三者の誤解によって、あなたの人生の選択である離婚が納得できない結果になるのは悲し過ぎますから。

あなたは離婚できるのか

さて、離婚の気持ちを固め切る前に、また離婚計画を始める前に、離婚に対する適性をチェックしてみましょう。ここまでいろいろ考えた末、やっぱり離婚をしたいと思っている人も、ここで適性がないという結果が出たら、一歩下がって考え直すことをお勧めします。

離婚への決心や覚悟をもう一度確認してみましょう。次の問いのうち、「Ｙｅｓ」と思う数を数えてください。

離婚適性チェック

問一　一人でいることが苦痛でない　Yes・No

問二　自分に対して悪い感情を持っていたり、低く評価する人に対しても、誠実な

態度で接することができる　Yes・No

問三　子どもを一人親にさせてもいいという覚悟がある　Yes・No

問四　これだけは譲れないというポリシーを持っている　Yes・No

問五　住むところを確保できる　Yes・No

問六　当座の生活費がある　Yes・No

問七　自分で生活費を捻出する目処がある　Yes・No

問八　健康に自信がある　Yes・No

問九　親身になって相談に乗ってくれる家族や友人がいる　Yes・No

問十　離婚を後悔しないという強い意志がある　Yes・No

さあ、あなたは「Ｙｅｓ」がいくつありましたか？　実はこの質問、離婚への道を進むのなら、すべて「Ｙｅｓ」と自信を持って答えてほしいことばかりなのです。それぞれの質問の意味は次のようなものです。

問一～二は精神的に「大人」であるかというチェックです。誰かがいなければなにもできないようであれば、離婚などできません。

問三〜四はその「大人」が、原因がなんであれ子どもや他人を傷つけてしまう行為である離婚をするのですから、「その覚悟はありますか？」というチェックです。たとえば、子どもに「どうして離婚したの？」と訊かれたとき、四のポリシーがなければきちんと答えることができないでしょう。また「自分らしく生きたいから」と考える方もいますが、「自分らしさ」とはなにか、ちゃんと表現できますか？

問五〜八、これは「住む場所」「準備金」「仕事」「健康」という、離婚して生活していくための最も基本となる必須条件です。これらがクリアできれば、離婚しても当面の生活はなんとかなるでしょう。クリアできなければ、離婚後の生活は行き詰まってしまうことになります。

問九は今までのあなたの生き方にかかわってくる質問です。手を差し伸べてくれる人がいる、いないでは、精神的に大きく違ってきます。もちろん好意に甘えてその人たちにべったりと寄りかかって生きればいいというわけではありません。

問十については、離婚後のことになります。今は辛くても、きっと立ち上がってみせるという気持ちがあれば、あなたにとって離婚はよりよい人生を生きるための選択肢となるでしょう。

離婚への弱点がどの部分にあるかによって、対処の仕方が違ってきますが、あなたの決心が揺るがず、条件もクリアできてからでなくては、離婚は不適切なのだということを肝に銘じてください。私が皆さんにお伝えしたい究極の結論は、そこにあります。人に流されたり、曖昧なままだったり、その場の感情だけで離婚を決断することだけはしないようにしてくださいね。

私は、自分も離婚経験者です。そして、それなりに苦労もしてきました。また、夫婦問題研究家という仕事を持つことによって、多くの人の悩みや考えに接することができました。そうして二十二年の実績と二万五千件の相談事例があるからこそ、離婚でもらえるお金というテーマにも、こうしてアドバイスができるようになりました。

どうぞ岡野あつこの人生経験をあなたの人生に活かしてください。それが、今の私にとってなによりも幸せなことです。あなたがより幸せな人生を歩めるように役に立てることが、長年、夫婦問題に携わってきた岡野あつこの喜びなのですから。

第6章

熟年に見る妻と夫のかけ離れた言い分

新・成田離婚って？

熟年離婚の一種として

「新・成田離婚」ってご存知ですか？　新婚旅行から帰ってきてすぐ、成田空港に着いた途端に離婚を切り出すのが成田離婚でしたが、この「新・成田離婚」は熟年離婚の一種なのです。

リタイア後、あるいはリタイア前でも、円熟した夫婦が、まったりと海外旅行に出かけるところから話は始まります。ほかのことと同じように、細かいことはケースバイケースで、旅行を企てている段階から「旅行から帰ったらお払い箱よ」と思い始める妻もいるそうですが、旅行中に思い立つという場合もあるのです。

すれ違いを再確認することに

結婚以来、ほとんど一緒に過ごす時間などないのが夫婦というもの。夫婦となったという絆を感じる以外は、夫の会社の隣の席の人のほうが、よっぽど長い時間をともに過ごすことになるのです。

そんな夫婦が、フルムーン旅行よろしく二人で旅に出たとき、その危機は頂点を迎えてしまうのです。若い時代と違って、一～二泊の短期ではなく、思い切って一週間、二週間という長い日程を組み、生まれて初めて夫と二人きりの長い時間を過ごすことになるのです。

いろいろと文句をいいながらも、憧れの街を歩いたり、念願のブランド品を買ったりと夢を描けば、もしかしたら仲良く過ごせるかもとか、夫を見直す機会もあるかもという期待もある妻が多いようですが、現実は違ってしまうこともあるようです。

夫の嫌なところを再確認してしまったというのは、「新・成田離婚」経験者のSさん。夫のマナーや身のこなし、一挙手一投足に不快感を感じたばかりか、疲れてきているSさんに対する労りもない。

仕事で海外ともやり取りをしていると聞いていたのに、英語もたどたどしくて通じない。外国のあちこちにいる長身で高い鼻のスマートな男性の優しい笑顔や態度を見ているうちに、Sさんの不満は「やっぱりこの夫ではダメだ」という確信を後押ししたそうです。旅先で見る夫の本性や思いやりのなさ、一事が万事ではないけれど、長年連れ添ってきた集大成のときに、そんな態度では困ります。まして、馴れない土地での神経の使いようは測り知れません。

だからこそ、感情を高ぶらせるのではなく、夫婦ともお互いに気遣い合うことが大切でしょう。

時代時代で造語ができても、洋服の流行などとは違いますから、「こういうのもありなのね！」などと、くれぐれも乗ってしまわないでくださいね。

自由がほしい妻と一緒に過ごしたい夫

会話のなさが招いた悲劇

妻と夫の言い分がかけ離れてしまうのは、熟年離婚に限ったことではないのですが、熟年離婚の場合には、長い年月を夫婦として過ごしてきた者同士が、こんなにも違うことを考えていたのかという空しさが存在します。

これは、第三者が感じることでもありますし、当事者にとっても、本当にいつの間にこんなにも食い違ってきたのかと、振り返っては虚無感に襲われてしまうものです。

離婚に至る原因をまとめると、夫婦の会話がないということが筆頭に浮かんできます。いくら夫婦といえども、意思の疎通は必要ですし、お互いのことを知るためにも会話がとても大切なのに、いろいろな状況から口をきかなくなったことが、少しのボタンの掛け違いを深い溝に掘り下げてしまうのです。

また、典型的な「定年離婚」と呼ばれる、夫の定年を機に妻が反乱を起こす＝離婚を切り出すといったケースでは、切り出す妻の多くは専業主婦です。夫に仕え、自分のしたいこともいいたいことも我慢して支えてきたけれど、それはすべて夫の仕事、ひいては家族のためだと思って犠牲を払ってきた妻が、ついに仕事人間から脱出する夫と別れるチャンスを得るといった場合です。

妻は、それまでの生活にはうんざり。自分の趣味ややり残してきたことを、ここぞとばかりに楽しみ、自分らしい人生を生きたいと願っているのです。夫や家族に縛られたような生活から解き放たれることを夢見ています。

ところが、そういう夫に限って、仕事をリタイアしたら妻と旅行をしようとか、あしたい、こうしたいというささやかな夢を妻とともに分かち合うことを考えていることがあります。かわいそうといえばかわいそうですが、妻に強いてきた我慢や苦労は理解せず、身を粉にして働いてきた自分には休息とご褒美を与えようとしているのです。ある意味身勝手な話です。

実例11 私もリタイアしたいんです

離婚をまさに定年を迎えたその日に突きつけられたEさんは、会社を退き、帰宅した途端の「あなた、お帰りなさい。長いあいだ、お疲れさまでした」の言葉に、妻との人生を振り返り、思わず涙が溢れたそうです。でも、その感動も束の間、次に妻の口をついて出た言葉は「私もリタイアさせていただきます」というものでした。

Eさんは、あまりの予想外の台詞に、その意味がまったく理解できませんでした。次の瞬間、妻が静かに座ったソファーの前のテーブルには、妻の署名と捺印がすんだ離婚届が置かれていました。

最初は冗談だろうと笑い飛ばそうと思ったEさん、妻の真剣な眼差しに「ちょっと待ってくれよ」というのが精一杯だったそうです。頭を整理する時間もないまま、妻は「もう待ちません。私は十年以上もこの時を待っていたのですから」と冷たく続けたそうです。

Eさんは呆然とし、考えれば考えるほど混乱するばかりで、その日はそのままソファーで朝を迎えたといいます。結局、妻の意志が固く、さらに言い分もしっかりしていたので、離婚の方向で考えざるを得ないことを理解したのが二日後のこと。

妻の用意周到な離婚ストーリーによって、もぎ取られるものはもぎ取られ、最愛のつもりだった妻も失い、そしてリタイア後の人生のすべての計画を失ってしまったのです。定年退職した日、妻とお揃いで用意したペアの高級腕時計のプレゼントは、封も開けないまま離婚して三年経った今でもEさんの手元にあるのだそうです。

往々にして女性は、期限をつけて我慢を続けます。期限があるからこそ、我慢ができる人もいます。

夫が定年退職するまで、子どもが大学卒業するまで、自分が五十五歳になるまでに、お金がいくら貯まるまで、というようにです。それに引き換え、夫は出来事のその先になにをしてあげよう、という考えなのです。

つまり、定年退職したら優しくしようとか、子どもが卒業したら夫婦で仲良くしようとかです。妻の我慢を早めに察知して、すべて早め早めにことをなさないとEさんのように思わぬ結果になってしまいます。

子どもが独立して安心した妻と新婚気分に戻りたい夫

男は外、女は内が招いた悲劇

子育ては、夫婦、つまり両親の義務であり、決して妻だけが背負うべき仕事ではないはずです。ところが、子育てに協力的でない夫はまだまだ大勢いるのです。まして、現在五十代以上の男性のなかには、家事を手伝うことがみっともないとか、格好が悪いと思っている勘違いプライド男がたくさんいます。

実例12　夫の悲しい片思い①

そのなかのひとりがＷさん。確かにＷさんは、真面目に仕事をして、事が荒立つような事件はなにひとつ起こさないで生きてきた男性です。ただし、家に帰ると、文字通り「縦のものを横にもしない」夫でした。

家事を手伝うなどということは、まったく考えもせず、子どもが赤ちゃんの頃、授乳や入浴に天手古舞いの妻を横目に、自分はテレビを観てくつろぎ、電話が鳴っても「電話だよー」と妻に知らせるような人物でした。

会話がないということではなかったそうですが、あとから思うに、妻の気持ちを汲もうとする努力をした覚えはないのだそうです。そんなことよりも、自分にできることは外で働いて稼ぐことであり、それで家族を養っていることに満足していました。

そして、まるで分業のように妻は家事や育児をしているのが当然で、妻が会社に出てこないのと同じように自分が家事の現場に立つことなど考えもしなかったといいます。

妻も、夫の仕事に励む姿を尊敬していましたし、同期入社のトップを切って出世コースを歩んでいる夫を誇らしくも思っていたので、仕方がないのだと思いながら、家事も育児も万全の態勢でこなしてきました。とりわけ、育児に関しては、相談してもろくな返事が返ってこない夫に失望することもなく、二人の子どもを一流大学に進学させました。

下の子どもが大学生になったとき、ついに妻が自分の時間を持ったのです。久しぶりに同窓会に出席し、ほかの同級生の女性のなかにいる、年齢を重ねても輝いている何人かの姿を見て、自分がいかに家庭ばかりに生きてきたかを知ることになったのです。

妻にとっては驚きの現実でしたが、考えてみると、自分も当たり前だと思い、生き甲斐を持って子育てをしてきたのだから、人はどうあれ自分では納得できたそうです。その間、生活費や学費の心配もせずにやってこられたのは感謝に値するとさえ思ったのです。

しかし、下の子どもが成人式を迎えたとき、Ｗさんの妻の気持ちに大きな変化が起きました。

「私の大仕事は終わった」

もうこれで、人生に負う責任は果たしたに違いないと感じた妻は、自分らしい人生を初めて考えるようになりました。外出も、おしゃれも子どものための最低限しかしなかった妻が、毎日のように外出し、Ｗさんが帰宅してもいないことがあるようになりました。

Wさんは、文句をいおうと思ったのですが、子育てから解放されてきれいになっていく妻を見ているのも、どことなく幸せを感じたので、妻の好きにさせておこうと思っていたそうです。こう聞くと、この夫婦がどうして離婚話に至ったのか不思議なくらいです。

やがて、子どもが二人とも就職し、独立することになりました。妻は、いよいよ仕事を終え、これからは自由に生きていきたいと強く感じました。

そんなときWさんは、まったく違うことを考えていたのです。

今ならば「バカップル」といわれるようなアツアツ新婚生活を送ったのち、結婚三年目に子どもを授かったWさん夫婦は、それから子どもが独立するまでのあいだ、それぞれの役割を全うすることに終始してきたのですから、子育てを卒業した妻と、間もなく定年を迎える自分は、元の二人きりの新婚気分に戻れるのだと信じていました。

ときには靴下さえはかせてくれた妻、食事を褒めると喜んで自分の口に入れてくれた妻、自分が眠るまで化粧を落とさないといっていた妻、人目もはばからず手をつないで買い物をして歩いた頃、毎日が楽しくて笑い転げていた……。

「ついに、そんな日が戻ってくるときが来た！」

と思っていたのです。

ところが現実は違いました。妻は「私のことを子どもの母親としてしか見ていなかったあなたとは、結婚している意味がなくなりました」と離婚を申し出ました。なにをいわれているのかわからなかったWさん。妻の切々と語る話を理解したときには、頭を鉄パイプで殴られたのかと思うほどショックだったといっています。

Wさんは、人生のすべてを後悔し、それまでの自分の考えを恨みました。妻には自分の話を聞いてもらい、深く謝りました。そして妻が、離婚を諦めてくれるにはどうしたらいいのかを時間をかけてさぐり、妻が離婚の話し合いをしたいというと、妻の話を聞くことはあっても離婚話が進展しないことを目指して会話をし続けました。

四ヶ月が経ったとき、Wさんの願いがかなって妻は離婚しなくてもいいといい出しました。もちろん、そのための条件がいくつか提示されましたが、Wさんにとっては、多少厳しい条件でも、愛している妻と別れるよりはましだと思えたので、妻の言い分を呑み、誓約書を書いて離婚を免れました。

Wさんは今でもいいます。

「妻と、あんなに考えていることが違っていたとは驚きました。今は、新婚というわけにはいきませんが、仲のいい老夫婦になっていると思います。でも、誓約書まで交わした緊張感は、やはり元通りの夫婦という感覚の邪魔になっている気がします」

でも、これから本当の老後になり、お互いが一緒にいられてよかったと思える日が来ると思うと、幸せなWさんなのだと私は思います。

老後の生活に夢を持てない妻と夢が広がる夫

互いに向き合わないことが招いた悲劇

「信じられます？　私、あと二十年もこの夫と生きていくんですよ！」同い年の夫を持つ五十五歳のR子さんの言葉です。R子さんの夫は、若い頃にはちょっとした浮気があったものの、R子さんが許してあげられる範囲のこと。いい夫だと第三者は評価するような男性です。

実例13　夫の悲しい片思い②

R子さんはお見合い結婚でした。親が頼んだプロの仲人の紹介で、高学歴で一流企業に勤める安定したところを気に入って結婚を決めたのです。ルックスも許容範囲だったというのがR子さんの弁ですが、趣味などの話が合わないのが欠点だと当初から思っていたそうです。

それでも、子どもも生まれ、家族としてはそこそこ合格点だと思いながら暮らしていたのですが、四十五歳のときに親友が離婚、四十七歳のときにいとこが離婚、身近な人の離婚劇を目の当たりにしたR子さんは、離婚という言葉を意識するようになりました。

子どもが小学生になってから、パートを続けていたR子さんですが、もし自分が離婚したとしても、子どもを引き取って生きていかれるはずもないので、離婚はできないのだろうと漠然と思っていました。

では、離婚しないで老後を迎えたときにどうなのかしら？　ある日R子さんが、突き当たった疑問です。このままいくと、やがて子どもは巣立ち、無難だと思った夫と二人で家のなかで向き合ったとき、いったいなんの話があるのかしら？　子どもの話や、生まれていれば孫のこと。でも、あっという間に話が終わってしまったときに、私たちは二人の会話があるのかしら……考えれば考えるほど、つまらない場面しか思い浮かばない自分の老後が嫌になりました。

老後の二人旅。いくら想像しても、行き先さえ意見がまとまりそうもないし、今さら我慢していくのも嫌だと思ったＲ子さんは、こんな典型的なレジャーを持つこともできない自分の老後には、夢が持てないと思いました。

そんなある日、夫が一言呟いたそうです。「爺さん婆さんになったら、いろんなことを一緒にできるね」私が聞いたときには、なんてのどかな幸せな言葉だと思ったのですが、Ｒ子さんは一緒にやって楽しいことがあるのかすら想像ができませんでした。その後も夫は、引退したら船旅をしようとか孫が生まれたらこんなことをしてやろうと次々と老後の夢を語るようになったのです。

語られるたびに、違和感を強めていったＲ子さんは、平均寿命を考えるとあと二十年も一緒に生きていくのは嫌だと、五十五歳になったときに思い立ったのです。Ｒ子さんの考えはまだまとまっておらず、具体的に離婚に向けて計画を立てるまでには至っていません。

私はたいした問題がないのに、離婚をしようとするＲ子さんの気持ちが理解しにくいのですが、きっととても頑張って家事や育児を一人でこなしてきた自負と、一人で決めなければならない淋しさとで、夫に対して「なにを今さら……」という悔しい気持ちを抱いてしまったのではないでしょうか。できればそんな思いを鎮めて思いとどまってほしいと心から願っています。でも、はた目にはこんなにもたいした問題ではなくても、当事者にとってはどうにも嫌だということもあるということを知った例です。

おそらく、R子さんの夫にとっても私が思うのと同じくらい理解しにくいことなのでしょう。R子さん夫婦が離婚に至らないことを祈るばかりです。

夫の介護をしたくない妻と介護をしてほしい夫

互いに思いやりをなくして

男と女の気持ちがすれ違いがちなのは、どんな年齢でもありがちなことなので、仕方がないと思うこともできます。でも、老後の話がかかわると、妙にリアルで深刻な感覚に襲われます。自分も老後を考える年齢になってきたということかもしれませんが、老後は誰もが迎える時期ですから、あまり他人事だと思わないほうがいいと思います。

老後といえば、介護の問題があります。たった今、自分の親の介護の準備をしたり、介護に直面したりしている人が多いのではないかと思いますが、そう遠くない将来に自分が介護されたり、配偶者を介護したりするというときがやってくるのです。

将来、夫の介護をしたくないという妻が増えています。そのなかには、今まで自分のためになにもしてもらっていないとか、拘束されたくないという理由があります。反面、夫のほうは介護してもらいたい、介護してもらうなら妻しかいないと思っている人が多いのです。夫の介護などまっぴらだといっているY恵さんは、その理由について興味深い話をしてくれました。

実例14 夫の悲しい片思い③

Y恵さんと夫は、十年以上もセックスレスです。そのきっかけは、夫の浮気。子どもに手がかかり、夫の相手をしてあげなかったY恵さんに不満を持った夫が、浮気に走ったことで、Y恵さんは不潔だと感じ、手を触れられるのも嫌になったといいます。そんな夫が、将来どんなに肉体的に弱っても、Y恵さんは介護などできないそうです。夫は介護もしてほしいし、もちろん離婚など考えてもいないのです。

Y恵さんは、具体的な原因があってのことですが、そういう事情に限らず、夫の介護をしたくないという人が増えている現状を見て、夫婦の温度差を感じずにはいられません。こんなところにも夫婦の行き違いが起き、離婚を考える夫婦が出てくるのでしょう。

始まりは些細なことであっても、やがて夫婦の長い歴史を閉じたいと思うほどのことに発展していくのです。この事実を誰もが知っているべきだと思います。

そして、誰もが離婚の危険性と背中合わせで生きていること、根拠のない自信にあぐらを掻いていてはいけないこと、いくつになってもお互いを思いやる気持ちを失ってはいけないことを忘れずにいてほしいと思います。

これらのように結婚生活を重ねるにつれ、若い頃の不満が積もり積もって、マグマのようにいつ爆発するかの状態になっているのです。

お金のため、子どものためと自分にいい聞かせて、コップの水が溢れるまで我慢してやっと行動を起こしているのが熟年離婚なのです。

おわりに

この人と一緒にいたい、いてもいいと心に響き、人生をともに生きるつもりで、選び選ばれた相手との結婚。毎日愛情深く思いやって、歳をとっても手をつないで幸せに暮らしたい。そんなことを思い描いていたのではないでしょうか。

それでも一日一日を過ごしているうちに、小さな諍いや、ほんの少しの意見の違いが徐々に夫婦の距離を広げてきてしまうものです。また、お互いが誠実を尽くそうと思っても、夫にいい寄る女性が現れるというような思わぬ出来事に阻害されたり、景気や社会情勢に流されてしまうことがあったりと、ある日夫婦として歩み始めた二人には障害物競走のように越えるべき関門に次々と行き当たるものです。

妻が離婚を考えるに至るまでには、そういった関門の積み重ねや、そのときどきの辛い思いがあるのだと思います。離婚の決意がどんなに固くても、離婚で傷ついて、疲れ果てたその後の人生を考えれば、あなたの人生をもう一度振り返ってみてもいいのではないかと思います。

あなたが選んだ夫です。その夫との生活をよりよいものにしようと頑張ってきたあなたです。人生の岐路に立っている今だからこそ、後悔のないようにもう一度、夫との話し合いをしてみてください。

あなたなら、あなただからできることなのです。私は、長年にわたって夫婦問題研究家という仕事に就き、たくさんの女性の苦しみと直面してきました。そして、なにより私も女性です。そして、離婚という道を選んで生きてきた人間です。ですから、離婚を考えるまでに多くの女性が闘ってくるであろう苦しさはよく理解しているつもりです。

あなたのなかには、意地もプライドも、夫に対する諦めもあるのは承知しています。それでもあえて、今の段階のあなたには、いったん立ち止まることを提案したいのです。離婚へのすべての思いをいったん心にしまい込んで、もう一度だけ夫にチャンスを与えてあげてください。

もし、話す機会を作れば、その寛容さに触れて、夫はあなたの大切さに気づく可能性があるのです。少しでも大切さに気づけば、そこは今まで妻に甘え切っていた結果ですから、少しずつ反省して、思いやりを持ってくれることもあるのです。

子どものいない夫婦でも、妻がしっかりと家庭を仕切っていることが多いので、夫にとって女性として守ってあげる対象ではなくなっていることがあります。それでも、あなたが素直に問題提起をすることができれば、夫の気持ちが動く期待が持てるのです。そのときには、くれぐれも感情的にはならないようにしてくださいね。

私がこの本の最後に、こんなことを話すのには理由があります。この本の内容を通して「私は大丈夫そうだから、やっぱり離婚しよう」と思った人や「ちょっと頑張ってから離婚を切り出そう」と思った人も多いでしょう。確かに経済的には大丈夫でも、不安を感じるべきところがたくさんあると思うのです。たとえ、今のあなたが気づいていないことでもです。


私は自分が三十六歳で離婚したときに、まったく知識がなく、情報にもうとく、本来なら法律にのっとってもらえる慰謝料、財産分与、養育費を納得できる形でもらえませんでした。そして、本当に悔しい思いをしました。そのこと自体は私にとって自分を奮い立たせ、こんな理不尽なことをする元夫に絶対負けない、自分の力で生活を支えてみせると意気込んで、今日まで忙しくて楽しくて、充実感に溢れた毎日を過ごしています。そんな私でも、今になって感じる「あのときの離婚は正しい選択だったのか」という気持ちが残っています。これは反省に近いものかもしれません。

そんなことを考えると、離婚前に充分に調べて、慎重に計画すれば、離婚も怖くないといっている私でも、やっぱり最後の一石を夫に対して投じることを勧めたいと思うのです。

お願いするなんて気持ちになる必要はありません。チャンスを与える、あくまでも主導権はあなたのままでいいのです。内容は、「私との離婚であなたはこんなに損をする」でも「あなたはどうやって暮らすの?」という脅し系でも構いませんし、「いろいろなことがあったわねぇ」「○○のときは大変だったわねぇ」という想い出や癒し系でも構いません。あなたがいたから今までの夫婦、家庭が営んでこられたんだと思える話を振ってみましょう。これまでじっくり考えてきたあなただからこそ、後悔や反省のないように最後までしっかり落ち着いて行動してください。

ここまで熟慮して、さらに最後に『蜘蛛の糸』まで差し伸べているのに、それでも夫が変わってくれないなら……いよいよ離婚の手続き開始です。

どういう結論に至ったとしても、最後の最後まで自分の人生を諦めず、夫との夫婦生活の改善に努力したことであなたの人生が幸せなものになることを心から祈っています。

そして、少しでもあなたのお役に立つことができたなら、私もとても幸せです。

岡野あつこ

●プロフィール
岡野あつこ（おかのあつこ）

夫婦問題研究家／ライフアップ・カウンセラー。

株式会社カラットクラブ代表取締役社長。NPO日本家族問題相談連盟理事長。

立命館大学卒（専攻：職業心理学）。立教大学大学院21世紀社会デザイン研究科博士課程前期課程修了。

新聞、テレビ、雑誌などマスコミからも広く関心を持たれるプロフェッショナルなカウンセラーとして、恋愛、結婚、離婚など、人生における大きな問題について幅広いカウンセリングを行っている。

特に夫婦問題研究家としてのキャリアは、過去22年で2万5000件以上の夫婦相談事例を持つ。

NPO日本家族問題相談連盟の協力のもと、全国各地に離婚カウンセラー養成スクールを開校し、後進の指導にも力を注ぐ。

著書に『ちょっと待ってその離婚！』（集英社文庫）、『これだけは知っておく離婚の手続きと進め方』『「母」のせいで結婚できない女たち』（日本文芸社）、『不安の片づけ』（中経出版）などがある。

岡野あつこのカラットクラブ
〒151－0051
東京都渋谷区千駄ヶ谷５－21－７ 第５瑞穂ビル４F
http://www.azco.co.jp/

離婚に悩む人に関するホームページ
・岡野あつこの離婚相談救急隊
http://www.rikon.biz/
・岡野あつこの離婚カウンセラー養成スクール
http://www.rikon.ne.jp/
・岡野あつこのライフアップスクール（マリッジ・心理）
http://www.rikon.tv/kouza/

■免責
・本書の執筆ならびに刊行にあたっては正確な記述に努めましたが、著者、および出版社のいずれも、本書の内容に対して何らの保証をするものではありません。
・著者、および出版社のいずれも、本書の記述内容に基づく如何なる運用結果に関しても一切の責任を負いません。

■お問い合わせ
本書の内容について、電話でのお問い合わせには応じられません。あらかじめご了承ください。質問等ございましたら、往復はがき、または切手を添付した返信用封筒を同封の上、株式会社新紀元社までお送りくださいますようお願いいたします。

妻のための離婚とお金の話
後悔しない人生を送るために

2013年3月29日　初版発行

著　　　者　岡野あつこ
編　　　集　新紀元社編集部／堀良江

発　行　者　藤原健二
発　行　所　株式会社新紀元社

〒160-0022
東京都新宿区新宿1-9-2-3F
TEL：03-5312-4481　FAX：03-5312-4482
http://www.shinkigensha.co.jp/
郵便振替　00110-4-27618

協　　　力　山口社会保険労務士・行政書士オフィス
http://www.sharoushi-net.com/
カバーデザイン　ムロフシカエ
D　T　P　株式会社明昌堂
印刷・製本　株式会社リーブルテック

＊本書は株式会社九天社発行の『妻のための熟年離婚とお金の話　後悔しない人生を送るために』（新版・2006年刊）を再編集し、新装新版として発行したものです。

ISBN978-4-7753-1119-6